PREFACIO

La colección de guías de conversación para viajar "Todo irá bien" publicada por T&P Books está diseñada para personas que viajan al extranjero para turismo y negocios. Las guías contienen lo más importante - los elementos esenciales para una comunicación básica.Éste es un conjunto de frases imprescindibles para "sobrevivir" mientras está en el extranjero.

Esta guía de conversación le ayudará en la mayoría de los casos donde usted necesite pedir algo, conseguir direcciones, saber cuánto cuesta algo, etc. Puede también resolver situaciones difíciles de la comunicación donde los gestos no pueden ayudar.

Este libro contiene una gran cantidad de frases que han sido agrupadas según los temas más relevantes. Esta edición también incluye un pequeño vocabulario que contiene alrededor de 3.000 de las palabras más frecuentemente usadas.Otra sección de la guía proporciona un glosario gastronómico que le puede ayudar a pedir los alimentos en un restaurante o a comprar comestibles en la tienda.

Llévese la guía de conversación "Todo irá bien" en el camino y tendrá una insustituible compañera de viaje que le ayudará a salir de cualquier situación y le enseñará a no temer hablar con extranjeros.

TABLA DE CONTENIDOS

T&P Books Publishing

T&P Books Publishing

GUÍA DE CONVERSACIÓN

BÚLGARO

Andrey Taranov

LAS PALABRAS Y LAS FRASES MÁS ÚTILES

Esta Guía de Conversación contiene las frases y las preguntas más comunes necesitadas para una comunicación básica con extranjeros

T&P BOOKS

Guía de conversación + diccionario de 3000 palabras

Guía de conversación Español-Búlgaro y vocabulario temático de 3000 palabras

por Andrey Taranov

La colección de guías de conversación para viajar "Todo irá bien" publicada por T&P Books está diseñada para personas que viajan al extranjero para turismo y negocios. Las guías contienen lo más importante - los elementos esenciales para una comunicación básica. Éste es un conjunto de frases imprescindibles para "sobrevivir" mientras está en el extranjero.

Este libro también incluye un pequeño vocabulario temático que contiene alrededor de 3.000 de las palabras más frecuentemente usadas. Otra sección de la guía proporciona un glosario gastronómico que le puede ayudar a pedir los alimentos en un restaurante o a comprar comestibles en la tienda.

T&P Books Publishing
www.tpbooks.com

ISBN: 978-1-78492-663-2

Este libro está disponible en formato electrónico o de E-Book también.
Visite www.tpbooks.com o las librerías electrónicas más destacadas en la Red.

PRONUNCIACIÓN

T&P alfabeto fonético	Ejemplo búlgaro	Ejemplo español
[a]	сладък [sládək]	radio
[e]	череша [tʃeréʃa]	verano
[i]	килим [kilím]	ilegal
[o]	отломка [otlómka]	bordado
[u]	улуча [ulútʃa]	mundo
[ə]	въже [vəʒé]	La schwa, el sonido neutro
[ja], [ʲa]	вечеря [vetʃérʲa]	cambiar
[ʲu]	ключ [klʲutʃ]	lluvia
[ʲo]	фризьор [frizʲór]	yogur
[ja], [ʲa]	история [istórija]	cambiar
[b]	събота [sébota]	en barco
[d]	пладне [pládne]	desierto
[f]	парфюм [parfʲúm]	golf
[g]	гараж [garáʒ]	jugada
[ʒ]	мрежа [mréʒa]	adyacente
[j]	двубой [dvubój]	asiento
[h]	храбър [hrábər]	coger
[k]	колело [koleló]	charco
[l]	паралел [paralél]	lira
[m]	мяукам [mʲaúkam]	nombre
[n]	фонтан [fontán]	número
[p]	пушек [púʃek]	precio
[r]	крепост [krépost]	era, alfombra
[s]	каса [kása]	salva
[t]	тютюн [tʲutʲún]	torre
[v]	завивам [zavívam]	travieso
[ts]	църква [tsérkva]	tsunami
[ʃ]	шапка [ʃápka]	shopping
[tʃ]	чорапи [tʃorápi]	mapache
[w]	уиски [wíski]	acuerdo
[z]	зарзават [zarzavát]	desde

LISTA DE ABREVIATURAS

Abreviatura en español

adj	-	adjetivo
adv	-	adverbio
anim.	-	animado
conj	-	conjunción
etc.	-	etcétera
f	-	sustantivo femenino
f pl	-	femenino plural
fam.	-	uso familiar
fem.	-	femenino
form.	-	uso formal
inanim.	-	inanimado
innum.	-	innumerable
m	-	sustantivo masculino
m pl	-	masculino plural
m, f	-	masculino, femenino
masc.	-	masculino
mat	-	matemáticas
mil.	-	militar
num.	-	numerable
p.ej.	-	por ejemplo
pl	-	plural
pron	-	pronombre
sg	-	singular
v aux	-	verbo auxiliar
vi	-	verbo intransitivo
vi, vt	-	verbo intransitivo, verbo transitivo
vr	-	verbo reflexivo
vt	-	verbo transitivo

Abreviatura en búlgaro

ж	-	sustantivo femenino
ж мн	-	femenino plural
м	-	sustantivo masculino
м мн	-	masculino plural
м, ж	-	masculino, femenino

мн   -   plural
с   -   neutro
с мн   -   género neutro plural

T&P BOOKS

GUÍA DE CONVERSACIÓN BÚLGARO

Esta sección contiene frases importantes que pueden resultar útiles en varias situaciones de la vida real. La Guía le ayudará a pedir direcciones, aclaración sobre precio, comprar billetes, y pedir alimentos en un restaurante

T&P Books Publishing

CONTENIDO DE LA GUÍA DE CONVERSACIÓN

T&P Books Publishing

Perdone, ...	**Извинете, ...** [izvinéte, ...]
Hola.	**Здравейте.** [zdravéjte]
Gracias.	**Благодаря.** [blagodar'á]

Sí.	**Да.** [da]
No.	**Не.** [ne]
No lo sé.	**Аз не знам.** [az ne znam]
¿Dónde?	¿A dónde?	¿Cuándo?	**Къде?	Накъде?	Кога?** [kədé?	nakədé?	kogá?]

Necesito ...	**Трябва ми ...** [tr'ábva mi ...]
Quiero ...	**Аз искам ...** [az ískam ...]
¿Tiene ...?	**Имате ли ...?** [ímate li ...?]
¿Hay ... por aquí?	**Тук има ли ...?** [tuk íma li ...?]
¿Puedo ...?	**Мога ли ...?** [móga li ...?]
..., por favor? (petición educada)	**Моля.** [mól'a]

Busco ...	**Аз търся ...** [az tərs'a ...]
el servicio	**тоалетна** [toalétna]
un cajero automático	**банкомат** [bankomát]
una farmacia	**аптека** [aptéka]
el hospital	**болница** [bólnitsa]

la comisaría	**полицейски участък** [politséjski utʃástək]
el metro	**метро** [metró]

un taxi	такси [táksi]
la estación de tren	гара [gára]

Me llamo …	Казвам се … [kázvam se …]
¿Cómo se llama?	Как се казвате? [kak se kázvate?]
¿Puede ayudarme, por favor?	Помогнете ми, моля. [pomognéte mi, mólʲa]
Tengo un problema.	Аз имам проблем. [az ímam problém]
Me encuentro mal.	Лошо ми е. [lóʃo mi e]
¡Llame a una ambulancia!	Повикайте бърза помощ! [povikájte bérza pómoʃt!]
¿Puedo llamar, por favor?	Може ли да се обадя? [móʒe li da se obádʲa?]

Lo siento.	Извинявам се. [izvinʲávam se]
De nada.	Моля. [mólʲa]

Yo	аз [az]
tú	ти [ti]
él	той [toj]
ella	тя [tʲa]
ellos	те [te]
ellas	те [te]
nosotros /nosotras/	ние [nie]
ustedes, vosotros	вие [víe]
usted	Вие [víe]

ENTRADA	ВХОД [vhod]
SALIDA	ИЗХОД [íshot]
FUERA DE SERVICIO	НЕ РАБОТИ [ne ráboti]
CERRADO	ЗАТВОРЕНО [zatvóreno]

ABIERTO	**ОТВОРЕНО** [otvóreno]
PARA SEÑORAS	**ЗА ЖЕНИ** [za ʒení]
PARA CABALLEROS	**ЗА МЪЖЕ** [za məʒé]

Preguntas

¿Dónde?	Къде? [kədé?]
¿A dónde?	Накъде? [nakədé?]
¿De dónde?	Откъде? [otkədé?]
¿Por qué?	Защо? [zaʃtó?]
¿Con que razón?	По каква причина? [po kakvá pritʃína?]
¿Cuándo?	Кога? [kogá?]

¿Cuánto tiempo?	За колко? [za kólko?]
¿A qué hora?	В колко? [v kólko?]
¿Cuánto?	Колко струва? [kólko strúva?]
¿Tiene ...?	Имате ли ...? [ímate li ...?]
¿Dónde está ...?	Къде се намира ...? [kədé se namíra ...?]

¿Qué hora es?	Колко е часът? [kólko e tʃasét?]
¿Puedo llamar, por favor?	Може ли да се обадя? [moʒe li da se obádіa?]
¿Quién es?	Кой е там? [koj e tam?]
¿Se puede fumar aquí?	Мога ли тук да пуша? [móga li tuk da púʃa?]
¿Puedo ...?	Мога ли ...? [móga li ...?]

Necesidades

Quisiera …	**Аз бих искал /искала/ …** [az bih ískal /ískala/ …]
No quiero …	**Аз не искам …** [az ne ískam …]
Tengo sed.	**Аз искам да пия.** [az ískam da pijá]
Tengo sueño.	**Аз искам да спя.** [az ískam da spʲa]
Quiero …	**Аз искам …** [az ískam …]
lavarme	**да се измия** [da se izmijá]
cepillarme los dientes	**да си мия зъбите** [da si míja zəbíte]
descansar un momento	**малко да си почина** [málko da si potʃína]
cambiarme de ropa	**да се преоблека** [da se preobleká]
volver al hotel	**да се върна в хотела** [da se vérna v hotéla]
comprar …	**да купя …** [da kúpʲa …]
ir a …	**да отида …** [da otída …]
visitar …	**да посетя …** [da posetʲá …]
quedar con …	**да се срещна с …** [da sréʃtna s …]
hacer una llamada	**да се обадя** [da se obádʲa]
Estoy cansado /cansada/.	**Аз се изморих.** [az se izmoríh]
Estamos cansados /cansadas/.	**Ние се изморихме.** [nie se izmoríhme]
Tengo frío.	**Студено ми е.** [studéno mi e]
Tengo calor.	**Топло ми е.** [tóplo mi e]
Estoy bien.	**Нормално ми е.** [normálno mi e]

Tengo que hacer una llamada.

Трябва да се обадя.
[tr⁰ábva da se obád⁰a]

Necesito ir al servicio.

Искам да отида в тоалетната.
[ískam da otída v toalétnata]

Me tengo que ir.

Трябва да тръгвам.
[tr⁰ábva da trégvam]

Me tengo que ir ahora.

Сега трябва да тръгвам.
[segá tr⁰ábva da trégvam]

Preguntar por direcciones

Perdone, ...	**Извинете, ...** [izvinéte, ...]
¿Dónde está ...?	**Къде се намира ...?** [kədé se namíra ...?]
¿Por dónde está ...?	**В коя посока се намира ...?** [v koja posóka se namíra ...?]
¿Puede ayudarme, por favor?	**Помогнете ми, моля.** [pomognéte mi, mólʲa]

Busco ...	**Аз търся ...** [az térsʲa ...]
Busco la salida.	**Аз търся изход.** [az térsʲa íshot]
Voy a ...	**Аз пътувам до ...** [az pətúvam do ...]
¿Voy bien por aquí para ...?	**Правилно ли вървя ...?** [právilno li vərvʲá ...?]

¿Está lejos?	**Далече ли е?** [dalétʃe li e?]
¿Puedo llegar a pie?	**Ще стигна ли дотам пеша?** [ʃte stígna li dotám péʃa?]
¿Puede mostrarme en el mapa?	**Покажете ми на картата, моля.** [pokaʒéte mi na kártata, mólʲa]
Por favor muestreme dónde estamos.	**Покажете, къде сме сега.** [pokaʒéte, kədé sme segá]

Aquí	**Тук** [tuk]
Allí	**Там** [tam]
Por aquí	**Тука** [túka]

Gire a la derecha.	**Завийте надясно.** [zavíjte nadʲásno]
Gire a la izquierda.	**Завийте наляво.** [zavíjte nalʲávo]
la primera (segunda, tercera) calle	**първи (втори, трети) завой** [pərvi (ftóri, tréti) zavój]
a la derecha	**надясно** [nadʲásno]

a la izquierda   **наляво**
[nalʲávo]

Siga recto.   **Вървете направо.**
[vərvéte naprávo]

Carteles

¡BIENVENIDO!
ДОБРЕ ДОШЛИ!
[dobré doʃlí!]

ENTRADA
ВХОД
[vhod]

SALIDA
ИЗХОД
[íshot]

EMPUJAR
БУТНИ
[butní]

TIRAR
ДРЪПНИ
[drəpní]

ABIERTO
ОТВОРЕНО
[otvóreno]

CERRADO
ЗАТВОРЕНО
[zatvóreno]

PARA SEÑORAS
ЗА ЖЕНИ
[za ʒení]

PARA CABALLEROS
ЗА МЪЖЕ
[za məʒé]

CABALLEROS
МЪЖКА ТОАЛЕТНА
[méʒka toalétna]

SEÑORAS
ЖЕНСКА ТОАЛЕТНА
[ʒénska toalétna]

REBAJAS
НАМАЛЕНИЯ
[namalénija]

VENTA
РАЗПРОДАЖБА
[rasprodáʒba]

GRATIS
БЕЗПЛАТНО
[besplátno]

¡NUEVO!
НОВИНА!
[noviná!]

ATENCIÓN
ВНИМАНИЕ!
[vnimánie!]

COMPLETO
НЯМА МЕСТА
[nʲáma mestá]

RESERVADO
РЕЗЕРВИРАНО
[rezervírano]

ADMINISTRACIÓN
АДМИНИСТРАЦИЯ
[administrátsija]

SÓLO PERSONAL AUTORIZADO
САМО ЗА ПЕРСОНАЛА
[sámo za personála]

CUIDADO CON EL PERRO	**ЛОШО КУЧЕ** [lóʃo kutʃe]
NO FUMAR	**НЕ СЕ ПУШИ!** [ne se púʃi!]
NO TOCAR	**НЕ ПИПАЙ С РЪЦЕТЕ!** [ne pipáj s rǝtséte!]
PELIGROSO	**ОПАСНО** [opásno]
PELIGRO	**ОПАСНОСТ** [opásnost]
ALTA TENSIÓN	**ВИСОКО НАПРЕЖЕНИЕ** [visóko napreʒénie]
PROHIBIDO BAÑARSE	**КЪПАНЕТО Е ЗАБРАНЕНО** [képaneto e zabranéno]
FUERA DE SERVICIO	**НЕ РАБОТИ** [ne ráboti]
INFLAMABLE	**ОГНЕОПАСНО** [ogneopásno]
PROHIBIDO	**ЗАБРАНЕНО** [zabranéno]
PROHIBIDO EL PASO	**ПРЕМИНАВАНЕТО Е ЗАБРАНЕНО** [preminávaneto e zabranéno]
RECIÉN PINTADO	**БОЯДИСАНО** [bojadísano]
CERRADO POR RENOVACIÓN	**ЗАТВОРЕНО ЗА РЕМОНТ** [zatvóreno za remónt]
EN OBRAS	**РЕМОНТНИ РАБОТИ** [remóntni ráboti]
DESVÍO	**ЗАОБИКАЛЯНЕ** [zaobikálʲane]

Transporte. Frases generales

el avión	самолет [samolét]
el tren	влак [vlak]
el bus	автобус [aftobús]
el ferry	ферибот [féribot]
el taxi	такси [táksi]
el coche	кола [kóla]

el horario	разписание [raspisánie]
¿Dónde puedo ver el horario?	Къде мога да видя разписанието? [kədé móga da vídʲa raspisánieto?]
días laborables	работни дни [rabótni dni]
fines de semana	почивни дни [poʧívni dni]
días festivos	празнични дни [prázniʧni dni]

SALIDA	ЗАМИНАВАНЕ [zaminávane]
LLEGADA	ПРИСТИГАНЕ [pristígane]
RETRASADO	ЗАКЪСНЯВА [zakəsnʲáva]
CANCELADO	ОТМЕНЕН [otmenén]

siguiente (tren, etc.)	следващ [slédvaʃt]
primero	първи [pérvi]
último	последен [posléden]

¿Cuándo pasa el siguiente ...?	Кога е следващият ...? [kogá e slédvaʃtijat ...?]
¿Cuándo pasa el primer ...?	Кога тръгва първият ...? [kogá trégva pérvijat ...?]

¿Cuándo pasa el último …?

Кога тръгва последният …?
[kogá trégva póslednijat …?]

el trasbordo (cambio de trenes, etc.)

прекачване
[prekátʃvane]

hacer un trasbordo

да правя прекачване
[da práv'a prekátʃvane]

¿Tengo que hacer un trasbordo?

Трябва ли да правя прекачване?
[tr'ábva li da práv'a prekátʃvane?]

Comprar billetes

¿Dónde puedo comprar un billete?	**Къде мога да купя билети?** [kədé móga da kúpʲa biléti?]
el billete	**билет** [bilét]
comprar un billete	**да купя билет** [da kúpʲa bilét]
precio del billete	**цена на билета** [tsená na biléta]

¿Para dónde?	**Накъде?** [nakədé?]
¿A qué estación?	**До коя станция?** [do kojá stántsija?]
Necesito …	**Трябва ми …** [trʲábva mi …]
un billete	**един билет** [edín bilét]
dos billetes	**два билета** [dva biléta]
tres billetes	**три билета** [tri biléta]

sólo ida	**в една посока** [v edná posóka]
ida y vuelta	**отиване и връщане** [otívane i vréʃtane]
en primera (primera clase)	**първа класа** [pérva klása]
en segunda (segunda clase)	**втора класа** [ftóra klása]

hoy	**днес** [dnes]
mañana	**утре** [útre]
pasado mañana	**вдругиден** [vdrúgiden]
por la mañana	**сутринта** [sutrínta]
por la tarde	**през деня** [prez denʲá]
por la noche	**вечерта** [vetʃertá]

asiento de pasillo	**място до коридора** [m'ásto do koridóra]
asiento de ventanilla	**място до прозореца** [m'ásto do prozóretsa]
¿Cuánto cuesta?	**Колко?** [kólko?]
¿Puedo pagar con tarjeta?	**Мога ли да платя с карта?** [móga li da plat'á s kárta?]

Autobús

el autobús	**автобус** [aftobús]
el autobús interurbano	**междуградски автобус** [meʒdugrátski aftobús]
la parada de autobús	**автобусна спирка** [aftobúsna spírka]
¿Dónde está la parada de autobuses más cercana?	**Къде се намира най-близката** **автобусна спирка?** [kədé se namíra naj-blízkata aftobúsna spírka?]

número	**номер** [nómer]
¿Qué autobús tengo que tomar para …?	**Кой номер автобус отива до …?** [koj nómer aftobús otíva do …?]
¿Este autobús va a …?	**Този автобус отива ли до …?** [tózi aftobús otíva li do …?]
¿Cada cuanto pasa el autobús?	**Кога има автобуси?** [kogá íma aftobúsi?]

cada 15 minutos	**на всеки 15 минути** [na fséki petnádeset minúti]
cada media hora	**на всеки половин час** [na fséki polovín tʃas]
cada hora	**на всеки час** [na fséki tʃas]
varias veces al día	**няколко пъти на ден** [nʲákolko pǝti na den]
… veces al día	**… пъти на ден** [… pǝti na den]

el horario	**разписание** [raspisánie]
¿Dónde puedo ver el horario?	**Къде мога да видя разписанието?** [kədé móga da vídʲa raspisánieto?]
¿Cuándo pasa el siguiente autobús?	**Кога е следващият автобус?** [kogá e slédvaʃtijat aftobús?]
¿Cuándo pasa el primer autobús?	**Кога тръгва първият автобус?** [kogá trǝgva pǝrvijat aftobús?]
¿Cuándo pasa el último autobús?	**Кога заминава последният автобус?** [kogá zamináva slédnijat aftobús?]
la parada	**спирка** [spírka]

la siguiente parada	**следваща спирка**
	[slédvaʃta spírka]
la última parada	**последна спирка**
	[poslédna spírka]
Pare aquí, por favor.	**Спрете тук, моля.**
	[spréte tuk, mólʲa]
Perdone, esta es mi parada.	**Може ли, това е моята спирка.**
	[móʒe li, tová e mójata spírka]

Tren

el tren	влак [vlak]
el tren de cercanías	крайградски влак [krajgrátski vlak]
el tren de larga distancia	влак за далечни разстояния [vlak za dalétʃni rasstojánija]
la estación de tren	гара [gára]
Perdone, ¿dónde está la salida al anden?	Извинявайте, къде е изхода към влаковете? [izvinʲávajte, kədé e íshoda kəm vlákovete?]

¿Este tren va a ...?	Този влак отива ли до ...? [tózi vlak otíva li do ...?]
el siguiente tren	следващ влак [slédvaʃt vlak]
¿Cuándo pasa el siguiente tren?	Кога е следващият влак? [kogá e slédvaʃtijat vlak?]
¿Dónde puedo ver el horario?	Къде мога да видя разписанието? [kədé móga da vídʲa raspisánieto?]
¿De qué andén?	От кой перон? [ot koj perón?]
¿Cuándo llega el tren a ...?	Кога влакът пристига в ...? [kogá vlákət pristíga v ...?]

Ayudeme, por favor.	Помогнете ми, моля. [pomognéte mi, mólʲa]
Busco mi asiento.	Аз търся мястото си. [az térsʲa mʲástoto si]
Buscamos nuestros asientos.	Ние търсим местата си. [nie térsim mestáta si]

Mi asiento está ocupado.	Мястото ми е заето. [mʲástoto mi e zaéto]
Nuestros asientos están ocupados.	Местата ни са заети. [mestáta ni sa zaéti]
Perdone, pero ese es mi asiento.	Извинявайте, но това е моето място. [izvinʲávajte, no tová e móeto mʲásto]

¿Está libre?

Това място свободно ли е?
[tová mʲásto svobódno li e?]

¿Puedo sentarme aquí?

Мога ли да седна тук?
[móga li da sédna tuk?]

En el tren. Diálogo (Sin billete)

Su billete, por favor.	**Билета ви, моля.** [biléta vi, mólʲa]
No tengo billete.	**Аз нямам билет.** [az nʲámam bilét]
He perdido mi billete.	**Аз загубих билета си.** [az zagúbih biléta si]
He olvidado mi billete en casa.	**Аз забравих билета си в къщи.** [az zabrávih biléta si v kéʃti]
Le puedo vender un billete.	**Вие можете да си купите билет от мен.** [víe móʒete da si kúpite bilét ot men]
También deberá pagar una multa.	**Също така ще трябва да заплатите глоба.** [séʃto taká ʃte trʲábva da zaplátite glóba]
Vale.	**Добре.** [dobré]
¿A dónde va usted?	**Накъде пътувате?** [nakədé pətúvate?]
Voy a ...	**Аз пътувам до ...** [az pətúvam do ...]
¿Cuánto es? No lo entiendo.	**Колко? Не разбирам.** [kólko? ne razbíram]
Escríbalo, por favor.	**Напишете, моля.** [napíʃéte, mólʲa]
Vale. ¿Puedo pagar con tarjeta?	**Добре. Мога ли да платя с карта?** [dobré. móga li da platʲá s kárta?]
Sí, puede.	**Да. Можете.** [da. móʒete]
Aquí está su recibo.	**Заповядайте, вашата квитанция.** [zapovʲádajte, vaʃata kvitántsija]
Disculpe por la multa.	**Съжалявам за глобата.** [səʒalʲávam za glóbata]
No pasa nada. Fue culpa mía.	**Няма нищо. Вината е моя.** [nʲáma níʃto. vináta e mója]
Disfrute su viaje.	**Приятно пътуване.** [prijátno pətúvane]

Taxi

taxi	**такси** [táksi]
taxista	**таксист** [táksist]
coger un taxi	**да взема такси** [da vzéma táksi]
parada de taxis	**стоянка на такси** [stojánka na táksi]
¿Dónde puedo coger un taxi?	**Къде мога да взема такси?** [kədé móga da vzéma táksi?]
llamar a un taxi	**да повикам такси** [da povíkam táksi]
Necesito un taxi.	**Трябва ми такси.** [trʲábva mi táksi]
Ahora mismo.	**Точно сега.** [tótʃno segá]
¿Cuál es su dirección?	**Вашият адрес?** [váʃijat adrés?]
Mi dirección es ...	**Моят адрес е ...** [mójat adrés e ...]
¿Cuál es el destino?	**Къде отивате?** [kədé otívate?]

Perdone, ...	**Извинете, ...** [izvinéte, ...]
¿Está libre?	**Свободни ли сте?** [svobódni li ste?]
¿Cuánto cuesta ir a ...?	**Каква е цената до ...?** [kakvá e tsenáta do ...?]
¿Sabe usted dónde está?	**Знаете ли, къде е това?** [znáete li, kədé e tová?]

Al aeropuerto, por favor.	**До аерогарата, моля.** [do aerogárata, mólʲa]
Pare aquí, por favor.	**Спрете тук, моля.** [spréte tuk, mólʲa]
No es aquí.	**Това не е тук.** [tová ne e tuk]
La dirección no es correcta.	**Това е неправилен адрес.** [tová e neprávilen adrés]
Gire a la izquierda.	**наляво** [nalʲávo]
Gire a la derecha.	**надясно** [nadʲásno]

¿Cuánto le debo?	**Колко ви дължа?** [kólko vi dəlʒá?]
¿Me da un recibo, por favor?	**Дайте ми касов бон, моля.** [dájte mi kásov bon, mólʲa]
Quédese con el cambio.	**Задръжте рестото.** [zadréʒte réstoto]

Espéreme, por favor.	**Изчакайте ме, моля.** [iztʃákajte me, mólʲa]
cinco minutos	**пет минути** [pet minúti]
diez minutos	**десет минути** [déset minúti]
quince minutos	**петнадесет минути** [petnádeset minúti]
veinte minutos	**двадесет минути** [dvádeset minúti]
media hora	**половин час** [polóvin tʃas]

Hotel

Hola.	**Здравейте.** [zdravéjte]
Me llamo ...	**Казвам се ...** [kázvam se ...]
Tengo una reserva.	**Аз резервирах стая.** [az rezervírah stája]
Necesito ...	**Трябва ми ...** [tr'ábva mi ...]
una habitación individual	**единична стая** [edinítʃna stája]
una habitación doble	**двойна стая** [dvójna stája]
¿Cuánto cuesta?	**Колко струва?** [kólko strúva?]
Es un poco caro.	**Това е малко скъпо.** [tová e málko sképo]
¿Tiene alguna más?	**Имате ли още нещо?** [ímate li óʃte néʃto?]
Me quedo.	**Ще го взема.** [ʃte go vzéma]
Pagaré en efectivo.	**Ще платя в брой.** [ʃte plát'a v broj]
Tengo un problema.	**Аз имам проблем.** [az ímam problém]
Mi ... no funciona.	**Моят /моята/ ... е счупен /счупена/.** [mójat /mójata/ ... e stʃúpen /stʃúpena/]
Mi ... está fuera de servicio.	**Моят /моята/ ... не работи** [mójat /mójata/ ... ne ráboti]
televisión	**моят телевизор** [mójat televízor]
aire acondicionado	**моят климатик** [mójat klímatik]
grifo	**моят кран** [mójat kran]
ducha	**моят душ** [mójat duʃ]
lavabo	**моята мивка** [mójata mífka]
caja fuerte	**моят сейф** [mójat sejf]

cerradura	моята ключалка [mójata klʲutʃálka]
enchufe	моят контакт [mójat kontákt]
secador de pelo	моят сешоар [mójat seʃoár]

No tengo …	Нямам … [nʲámam …]
agua	вода [vodá]
luz	ток [tok]
electricidad	електричество [elektrítʃestvo]

¿Me puede dar …?	Може ли да ми дадете …? [móʒe li da mi dadéte …?]
una toalla	хавлия [havlíja]
una sábana	одеяло [odejálo]
unas chanclas	чехли [tʃéhli]
un albornoz	халат [halát]
un champú	шампоан [ʃampoán]
jabón	сапун [sapún]

Quisiera cambiar de habitación.	Бих искал /искала/ да сменя стаята си. [bih ískal /ískala/ da smenʲá stájata si]
No puedo encontrar mi llave.	Не мога да намеря ключа си. [ne móga da namérʲa klʲútʃa si]
Por favor abra mi habitación.	Отворете моята стая, моля. [otvórete mójata stája, mólʲa]
¿Quién es?	Кой е? [koj e?]
¡Entre!	Влезте! [vlézte!]
¡Un momento!	Една минута! [edná minúta!]

Ahora no, por favor.	Моля, не сега. [mólʲa, ne segá]
Venga a mi habitación, por favor.	Влезте при мен, моля. [vlézte pri men, mólʲa]

Quisiera hacer un pedido.
Бих искал /искала/ да поръчам храна за стаята.
[bih ískal /ískala/ da pórətʃam hraná za stájata]

Mi número de habitación es …
Номерът на стаята ми е ….
[nómerət na stájata mi e ….]

Me voy …
Заминавам …
[zaminávam …]

Nos vamos …
Ние заминаваме …
[nie zaminávame …]

Ahora mismo
сега
[segá]

esta tarde
днес след обяд
[dnes slet obʲát]

esta noche
днес вечерта
[dnes vetʃertá]

mañana
утре
[útre]

mañana por la mañana
утре сутринта
[útre sutrínta]

mañana por la noche
утре вечер
[útre vétʃer]

pasado mañana
вдругиден
[vdrúgiden]

Quisiera pagar la cuenta.
Бих искал /искала/ да заплатя.
[bih ískal /ískala/ da zaplatʲá]

Todo ha estado estupendo.
Всичко беше отлично.
[fsítʃko béʃe otlítʃno]

¿Dónde puedo coger un taxi?
Къде мога да взема такси?
[kədé móga da vzéma táksi?]

¿Puede llamarme un taxi, por favor?
Повикайте ми такси, моля.
[povikájte mi táksi, mólʲa]

Restaurante

¿Puedo ver el menú, por favor?
Мога ли да видя менюто ви?
[móga li da vídʲa menʲúto vi?]

Mesa para uno.
Маса за един човек.
[mása za edín tʃovék]

Somos dos (tres, cuatro).
Ние сме двама (трима, четирима).
[nie sme dváma (tríma, tʃetírima)]

Para fumadores
За пушачи
[za puʃátʃi]

Para no fumadores
За непушачи
[za nepuʃátʃi]

¡Por favor! (llamar al camarero)
Ако обичате!
[ako obitʃate!]

la carta
меню
[menʲú]

la carta de vinos
Карта на виното
[kárta na vínoto]

La carta, por favor.
Менюто, моля.
[menʲúto, mólʲa]

¿Está listo para pedir?
Готови ли сте да поръчате?
[gotóvi li ste da porétʃate?]

¿Qué quieren pedir?
Какво ще поръчате?
[kakvó ʃte porétʃate?]

Yo quiero …
Аз искам ….
[az ískam ….]

Soy vegetariano.
Аз съм вегетарианец /вегетарианка/.
[az səm vegetariánets /vegetariánka/]

carne
месо
[mesó]

pescado
риба
[ríba]

verduras
зеленчуци
[zelentʃútsi]

¿Tiene platos para vegetarianos?
Имате ли вегетариански ястия?
[ímate li vegetariánski jástija?]

No como cerdo.
Аз не ям свинско.
[az ne jam svínsko]

Él /Ella/ no come carne.
Той /тя/ не яде месо.
[toj /tʲa/ ne jadé mesó]

Soy alérgico a …
Имам алергия към …
[ímam alérgija kəm …]

¿Me puede traer …, por favor?	**Донесете ми, моля …** [doneséte mi, mólʲa …]
sal | pimienta | azúcar	**сол | пипер | захар** [sol | pipér | záhar]
café | té | postre	**кафе | чай | десерт** [kafé | ʧaj | desért]
agua | con gas | sin gas	**вода | газирана | негазирана** [vodá | gazírana | negazírana]
una cuchara | un tenedor | un cuchillo	**лъжица | вилица | нож** [ləʒítsa | vílitsa | noʒ]
un plato | una servilleta	**чиния | салфетка** [ʧiníja | salfétka]

¡Buen provecho!	**Приятен апетит!** [prijáten apetít!]
Uno más, por favor.	**Донесете още, моля.** [doneséte óʃte, mólʲa]
Estaba delicioso.	**Беше много вкусно.** [béʃe mnógo fkúsno]

la cuenta | el cambio | la propina	**сметка | ресто | бакшиш** [smétka | résto | bakʃíʃ]
La cuenta, por favor.	**Сметката, моля.** [smétkata, mólʲa]
¿Puedo pagar con tarjeta?	**Мога ли да платя с карта?** [móga li da platʲá s kárta?]
Perdone, aquí hay un error.	**Извинявайте, тук има грешка.** [izvinʲávajte, tuk íma gréʃka]

De Compras

¿Puedo ayudarle?	**Мога ли да ви помогна?** [móga li da vi pomógna?]
¿Tiene ...?	**Имате ли ...?** [ímate li ...?]
Busco ...	**Аз търся ...** [az tĕrsʲa ...]
Necesito ...	**Трябва ми ...** [trʲábva mi ...]

Sólo estoy mirando.	**Само гледам.** [sámo glédam]
Sólo estamos mirando.	**Ние само гледаме.** [nie sámo glédame]
Volveré más tarde.	**Ще дойда по-късно.** [ʃte dójda po-kĕsno]
Volveremos más tarde.	**Ние ще дойдем по-късно.** [nie ʃte dójdem po-kĕsno]
descuentos | oferta	**намаления | разпродажба** [namalénija | rasprodáʒba]

Por favor, enséñeme ...	**Покажете ми, моля ...** [pokaʒéte mi, mólʲa ...]
¿Me puede dar ..., por favor?	**Дайте ми, моля ...** [dájte mi, mólʲa ...]
¿Puedo probarmelo?	**Може ли да пробвам това?** [móʒe li da próbvam tová?]
Perdone, ¿dónde están los probadores?	**Извинявайте, къде може да пробвам това?** [izvinʲávajte, kĕdé móʒe da próbvam tová?]
¿Qué color le gustaría?	**Какъв цвят желаете?** [kakév tsvʲat ʒeláete?]
la talla | el largo	**размер | ръст** [razmér | rĕst]
¿Cómo le queda? (¿Está bien?)	**Стана ли ви?** [stána li vi?]

¿Cuánto cuesta esto?	**Колко струва това?** [kólko strúva tová?]
Es muy caro.	**Това е много скъпо.** [tová e mnógo skĕpo]
Me lo llevo.	**Ще взема това.** [ʃte vzéma tová]

Perdone, ¿dónde está la caja?	**Извинявайте, къде е касата?** [izvinⁱávajte, kədé e kásata?]
¿Pagará en efectivo o con tarjeta?	**Как ще плащате?** **В брой или с карта?** [kak ʃte pláʃtate? v broj íli s kárta?]
en efectivo | con tarjeta	**в брой | с карта** [v broj | s kárta]

¿Quiere el recibo?	**Трябва ли ви касов бон?** [trⁱábva li vi kásov bon?]
Sí, por favor.	**Да, бъдете така добър.** [da, bədéte taká dobér]
No, gracias.	**Не, не трябва. Благодаря.** [ne, ne trⁱábva. blagodarⁱá]
Gracias. ¡Que tenga un buen día!	**Благодаря. Всичко хубаво!** [blagodarⁱá. fsítʃko húbavo!]

En la ciudad

Perdone, por favor.	**Извинете, моля ...** [izvinéte, mólʲa ...]
Busco ...	**Аз търся ...** [az térsʲa ...]
el metro	**метрото** [metróto]
mi hotel	**хотела си** [hotéla si]
el cine	**киното** [kínoto]
una parada de taxis	**стоянката на такси** [stojánkata na táksi]
un cajero automático	**банкомат** [bankomát]
una oficina de cambio	**обмяна на валута** [obmʲána na valúta]
un cibercafé	**интернет-кафе** [internét-kafé]
la calle ...	**улица ...** [úlitsa ...]
este lugar	**ето това място** [eto tová mʲásto]
¿Sabe usted dónde está ...?	**Знаете ли, къде се намира ...?** [znáete li, kədé se namíra ...?]
¿Cómo se llama esta calle?	**Как се нарича тази улица?** [kak se narítʃa tázi úlitsa?]
Muestreme dónde estamos ahora.	**Покажете, къде сме сега.** [pokaʒéte, kədé sme segá]
¿Puedo llegar a pie?	**Ще стигна ли дотам пеша?** [ʃte stígna li dotám péʃa?]
¿Tiene un mapa de la ciudad?	**Имате ли карта на града?** [ímate li kárta na gradá?]
¿Cuánto cuesta la entrada?	**Колко струва билет за вход?** [kólko strúva bilét za vhot?]
¿Se pueden hacer fotos aquí?	**Тук може ли да се снима?** [tuk móʒe li da se snimá?]
¿Está abierto?	**Отворено ли е?** [otvóreno li e?]

¿A qué hora abren?

В колко отваряте?
[v kólko otvárʲate?]

¿A qué hora cierran?

До колко часа работите?
[do kólko tʃása rábotite?]

Dinero

dinero	**пари** [parí]
efectivo	**пари в брой** [parí v broj]
billetes	**книжни пари** [kníʒni parí]
monedas	**дребни пари** [drébni parí]
la cuenta | el cambio | la propina	**сметка | ресто | бакшиш** [smétka | résto | bakʃíʃ]

la tarjeta de crédito	**кредитна карта** [kréditna kárta]
la cartera	**портмоне** [portmoné]
comprar	**да купя** [da kúpʲa]
pagar	**да платя** [da platʲá]
la multa	**глоба** [glóba]
gratis	**безплатно** [besplátno]

¿Dónde puedo comprar …?	**Къде мога да купя …?** [kədé móga da kúpʲa …?]
¿Está el banco abierto ahora?	**Отворена ли е банката сега ?** [otvórena li e bánkata segá ?]
¿A qué hora abre?	**В колко се отваря?** [v kólko se otvárʲa?]
¿A qué hora cierra?	**До колко часа работи?** [do kólko ʧása ráboti?]

¿Cuánto cuesta?	**Колко?** [kólko?]
¿Cuánto cuesta esto?	**Колко струва?** [kólko strúva?]
Es muy caro.	**Това е много скъпо.** [tová e mnógo sképo]

Perdone, ¿dónde está la caja?	**Извинявайте, къде е касата?** [izvinʲávajte, kədé e kásata?]
La cuenta, por favor.	**Сметката, моля.** [smétkata, mólʲa]

¿Puedo pagar con tarjeta?   **Мога ли да платя с карта?**
                                    [móga li da platⁱá s kárta?]

¿Hay un cajero por aquí?   **Тук има ли банкомат?**
                                    [tuk íma li bankomát?]

Busco un cajero automático.   **Трябва ми банкомат.**
                                    [trⁱábva mi bankomát]

Busco una oficina de cambio.   **Аз търся обмяна на валута.**
                                    [az térsⁱa obmⁱána na valúta]

Quisiera cambiar ...   **Бих искал да сменя ...**
                                    [bih ískal da smenⁱá ...]

¿Cuál es el tipo de cambio?   **Какъв е курсът?**
                                    [kakév e kúrsət?]

¿Necesita mi pasaporte?   **Трябва ли ви паспортът ми?**
                                    [trⁱábva li vi paspórtət mi?]

Tiempo

¿Qué hora es?	**Колко е часът?** [kólko e tʃasét?]
¿Cuándo?	**Кога?** [kogá?]
¿A qué hora?	**В колко?** [v kólko?]
ahora | luego | después de …	**сега | по-късно | след …** [segá | po-késno | slet …]

la una	**един часа** [edín tʃása]
la una y cuarto	**един часа и петнадесет минути** [edín tʃása i petnádeset minúti]
la una y medio	**един часа и тридесет минути** [edín tʃása i trídeset minúti]
las dos menos cuarto	**два без петнадесет** [dva bez petnádeset]

una | dos | tres	**един | два | три** [edín | dva | tri]
cuatro | cinco | seis	**четири | пет | шест** [tʃétiri | pet | ʃest]
siete | ocho | nueve	**седем | осем | девет** [sédem | ósem | dévet]
diez | once | doce	**десет | единадесет | дванадесет** [déset | edinádeset | dvanádeset]

en …	**след …** [slet …]
cinco minutos	**пет минути** [pet minúti]
diez minutos	**десет минути** [déset minúti]
quince minutos	**петнадесет минути** [petnádeset minúti]
veinte minutos	**двадесет минути** [dvádeset minúti]

media hora	**половин час** [polóvin tʃas]
una hora	**един час** [edín tʃas]
por la mañana	**сутринта** [sutrínta]

por la mañana temprano	**рано сутринта** [ráno sutrínta]
esta mañana	**днес сутринта** [dnes sutrínta]
mañana por la mañana	**утре сутринта** [útre sutrínta]

al mediodía	**на обяд** [na obʲád]
por la tarde	**след обяд** [slet obʲát]
por la noche	**вечерта** [vetʃertá]
esta noche	**днес вечерта** [dnes vetʃertá]

por la noche	**през нощта** [prez noʃtá]
ayer	**вчера** [vtʃéra]
hoy	**днес** [dnes]
mañana	**утре** [útre]
pasado mañana	**вдругиден** [vdrúgiden]

¿Qué día es hoy?	**Какъв ден е днес?** [kakév den e dnes?]
Es ...	**Днес е ...** [dnes e ...]
lunes	**понеделник** [ponedélnik]
martes	**вторник** [ftórnik]
miércoles	**сряда** [srʲáda]

jueves	**четвъртък** [tʃetvártək]
viernes	**петък** [pétək]
sábado	**събота** [sébota]
domingo	**неделя** [nedélʲa]

Saludos. Presentaciones.

Hola.	**Здравейте.** [zdravéjte]
Encantado /Encantada/ de conocerle.	**Радвам се, че се запознахме.** [rádvam se, tʃe se zapoznáhme]
Yo también.	**И аз.** [i az]
Le presento a …	**Запознайте се. Това е …** [zapoznájte se. tová e …]
Encantado.	**Много ми е приятно.** [mnógo mi e prijátno]

¿Cómo está?	**Как сте?** [kak ste?]
Me llamo …	**Казвам се …** [kázvam se …]
Se llama …	**Той се казва …** [toj se kázva …]
Se llama …	**Тя се казва …** [tʲa se kázva …]
¿Cómo se llama (usted)?	**Как се казвате?** [kak se kázvate?]
¿Cómo se llama (él)?	**Как се казва той?** [kak se kázva toj?]
¿Cómo se llama (ella)?	**Как се казва тя?** [kak se kázva tʲa?]

¿Cuál es su apellido?	**Как ви е фамилията?** [kak vi e famílijata?]
Puede llamarme …	**Наричайте ме …** [narítʃajte me …]
¿De dónde es usted?	**Откъде сте?** [otkǝdé ste?]
Yo soy de ….	**Аз съм от …** [az sǝm ot …]
¿A qué se dedica?	**Като какъв работите?** [kató kakév rábotite?]
¿Quién es?	**Кой сте?** [koj ste?]
¿Quién es él?	**Кой е той?** [koj e toj?]
¿Quién es ella?	**Коя е тя?** [kojá e tʲa?]
¿Quiénes son?	**Кои са те?** [koi sa te?]

Este es ...	Това е ... [tová e ...]
mi amigo	моят приятел [mójat prijátel]
mi amiga	моята приятелка [mójata prijátelka]
mi marido	моят мъж [mójat məʒ]
mi mujer	моята жена [mójata ʒená]
mi padre	моят баща [mójat baʃtá]
mi madre	моята майка [mójata májka]
mi hermano	моят брат [mójat brat]
mi hermana	моята сестра [mójata sestrá]
mi hijo	моят син [mójat sin]
mi hija	моята дъщеря [mójata dəʃterʲá]
Este es nuestro hijo.	Това е нашият син. [tová e náʃijat sin]
Esta es nuestra hija.	Това е нашата дъщеря. [tová e náʃata dəʃterʲá]
Estos son mis hijos.	Това са моите деца. [tová sa móite detsá]
Estos son nuestros hijos.	Това са нашите деца. [tová sa náʃite detsá]

Despedidas

¡Adiós!	**Довиждане!** [dovíʒdane!]
¡Chau!	**Чао!** [ʧao!]
Hasta mañana.	**До утре!** [do útre!]
Hasta pronto.	**До срещата!** [do sréʃtata!]
Te veo a las siete.	**Ще се срещнем в седем.** [ʃte se sréʃtnem v sédem]

¡Que se diviertan!	**Забавлявайте се!** [zabavlʲávajte se!]
Hablamos más tarde.	**Ще поговорим по-късно.** [ʃte pogovórim po-késno]
Que tengas un buen fin de semana.	**Успешен уикенд!** [uspéʃen uíkend!]
Buenas noches.	**Лека нощ.** [léka noʃt]

Es hora de irme.	**Сега трябва да тръгвам.** [segá trʲábva da trégvam]
Tengo que irme.	**Трябва да тръгвам.** [trʲábva da trégvam]
Ahora vuelvo.	**Сега ще се върна.** [segá ʃte se vérna]

Es tarde.	**Вече е късно.** [véʧe e késno]
Tengo que levantarme temprano.	**Трябва рано да ставам.** [trʲábva ráno da stávam]
Me voy mañana.	**Аз заминавам утре.** [az zaminávam útre]
Nos vamos mañana.	**Ние утре заминаваме.** [nie útre zaminávame]

¡Que tenga un buen viaje!	**Щастливо пътуване!** [ʃtastlívo pətúvane!]
Ha sido un placer.	**Беше ми приятно да се запознаем.** [béʃe mi prijátno da se zapoznáem]
Fue un placer hablar con usted.	**Беше ми приятно да поговоря с вас.** [béʃe mi prijátno da pogovórʲa s vas]
Gracias por todo.	**Благодаря за всичко.** [blagodarʲá za fsíʧko]

Lo he pasado muy bien.	**Прекрасно прекарах времето.** [prekrásno prekárah vrémeto]
Lo pasamos muy bien.	**Ние прекрасно прекарахме времето.** [nie prekrásno prekárahme vrémeto]
Fue genial.	**Всичкото беше страхотно.** [fsítʃkoto béʃe strahótno]
Le voy a echar de menos.	**Ще скучая.** [ʃte skutʃája]
Le vamos a echar de menos.	**Ние ще скучаем.** [nie ʃte skutʃáem]

¡Suerte!	**Късмет! Успех!** [kəsmét! uspéh!]
Saludos a ...	**Предайте поздрави на ...** [predájte pózdravi na ...]

Idioma extranjero

No entiendo.	**Аз не разбирам.** [az ne razbíram]
Escríbalo, por favor.	**Напишете това, моля.** [napiʃéte tová, mólʲa]
¿Habla usted ...?	**Знаете ли ...?** [znáete li ...?]

Hablo un poco de ...	**Малко знам ...** [málko znam ...]
inglés	**английски** [anglíjski]
turco	**турски** [túrski]
árabe	**арабски** [arápski]
francés	**френски** [frénski]

alemán	**немски** [némski]
italiano	**италиански** [italiánski]
español	**испански** [ispánski]
portugués	**португалски** [portugálski]
chino	**китайски** [kitájski]
japonés	**японски** [japónski]

¿Puede repetirlo, por favor?	**Повторете, моля.** [poftoréte, mólʲa]
Lo entiendo.	**Аз разбирам.** [az razbíram]
No entiendo.	**Аз не разбирам.** [az ne razbíram]
Hable más despacio, por favor.	**Говорете по-бавно, моля.** [govórete po-bávno, mólʲa]

¿Está bien?	**Това правилно ли е?** [tová právilno li e?]
¿Qué es esto? (¿Que significa esto?)	**Какво е това?** [kakvó e tová?]

Disculpas

Perdone, por favor.	**Извинете, моля.** [izvinéte, mólʲa]
Lo siento.	**Съжалявам.** [səʒalʲávam]
Lo siento mucho.	**Много съжалявам.** [mnógo səʒalʲávam]
Perdón, fue culpa mía.	**Виновен съм, вината е моя.** [vinóven səm, vináta e mója]
Culpa mía.	**Грешката е моя.** [greʃkata e mója]

¿Puedo …?	**Мога ли …?** [móga li …?]
¿Le molesta si …?	**Имате ли нещо против, ако аз …?** [ímate li néʃto protív, akó az …?]
¡No hay problema! (No pasa nada.)	**Няма нищо.** [nʲáma níʃto]
Todo está bien.	**Всичко е наред.** [fsíʧko e naréd]
No se preocupe.	**Не се безпокойте.** [ne se bespokójte]

Acuerdos

Sí.	**Да.** [da]
Sí, claro.	**Да, разбира се.** [da, razbíra se]
Bien.	**Добре!** [dobré!]
Muy bien.	**Много добре!** [mnógo dobré!]
¡Claro que sí!	**Разбира се!** [razbíra se!]
Estoy de acuerdo.	**Съгласен /съгласна/ съм.** [səglásen /səglásna/ səm]

Es verdad.	**Вярно.** [vʲárno]
Es correcto.	**Правилно.** [právilno]
Tiene razón.	**Прав /права/ сте.** [prav /práva/ ste]
No me molesta.	**Не възразявам.** [ne vəzrazʲávam]
Es completamente cierto.	**Абсолютно вярно.** [absolʲútno vʲárno]

Es posible.	**Това е възможно.** [tová e vəzmóʒno]
Es una buena idea.	**Това е добра идея.** [tová e dobrá idéja]
No puedo decir que no.	**Не мога да откажа.** [ne móga da otkáʒa]
Estaré encantado /encantada/.	**Ще се радвам.** [ʃte se rádvam]
Será un placer.	**С удоволствие.** [s udovólstvie]

Rechazo. Expresar duda

No.
Не.
[ne]

Claro que no.
Не, разбира се.
[ne, razbíra se]

No estoy de acuerdo.
Аз не съм съгласен /съгласна/.
[az ne səm səglásen /səglásna/]

No lo creo.
Аз не мисля така.
[az ne míslʲa taká]

No es verdad.
Това не е вярно.
[tová ne e vʲárno]

No tiene razón.
Грешите.
[greʃíte]

Creo que no tiene razón.
Мисля, че грешите.
[míslʲa, ʧe greʃíte]

No estoy seguro /segura/.
Не съм сигурен /сигурна/.
[ne səm síguren /sígurna/]

No es posible.
Това не е възможно.
[tová ne e vəzmóʒno]

¡Nada de eso!
Нищо подобно!
[niʃto podóbno!]

Justo lo contrario.
Напротив!
[naprótiv!]

Estoy en contra de ello.
Аз съм против.
[az səm protív]

No me importa. (Me da igual.)
На мен ми е все едно.
[na men mi e fse ednó]

No tengo ni idea.
Нямам представа.
[nʲámam pretstáva]

Dudo que sea así.
Съмнявам се, че е така.
[səmnʲávam se, ʧe e taká]

Lo siento, no puedo.
Извинете ме, аз не мога.
[izvinéte me, az ne móga]

Lo siento, no quiero.
Извинете ме, аз не искам.
[izvinéte me, az ne ískam]

Gracias, pero no lo necesito.
Благодаря, това не ми трябва.
[blagodarʲá, tová ne mi trʲábva]

Ya es tarde.
Вече е късно.
[véʧe e késno]

Tengo que levantarme temprano.   **Трябва рано да ставам.**
[trʲábva ráno da stávam]

Me encuentro mal.   **Чувствам се зле.**
[ɕ̯útstvam se zle]

Expresar gratitud

Gracias.
Благодаря.
[blagodar'á]

Muchas gracias.
Много благодаря.
[mnógo blagodar'á]

De verdad lo aprecio.
Много съм признателен /признателна/.
[mnógo səm priznátelen /priznátelna/]

Se lo agradezco.
Много съм ви благодарен /благодарна/.
[mnógo səm vi blagodáren /blagodárna/]

Se lo agradecemos.
Ние сме ви благодарни.
[nie sme vi blagodárni]

Gracias por su tiempo.
Благодаря ви, че отделихте време.
[blagodar'á vi, t͡ʃe otdelíhte vréme]

Gracias por todo.
Благодаря за всичко.
[blagodar'á za fsít͡ʃko]

Gracias por …
Благодаря за …
[blagodar'á za …]

su ayuda
вашата помощ
[váʃata pómoʃt]

tan agradable momento
хубавото време
[húbavoto vréme]

una comida estupenda
чудната храна
[t͡ʃúdnata hraná]

una velada tan agradable
приятната вечер
[prijátnata vét͡ʃer]

un día maravilloso
прекрасния ден
[prekrásnija den]

un viaje increíble
интересната екскурзия
[interésnata ekskúrzija]

No hay de qué.
Няма за що.
[n'áma za ʃto]

De nada.
Моля.
[mól'a]

Siempre a su disposición.
Винаги моля.
[vínagi mól'a]

Encantado /Encantada/ de ayudarle.
Радвам се, че помогнах.
[rádvam se, t͡ʃe pomógnah]

No hay de qué.

Забравете.
[zabravéte]

No tiene importancia.

Не се безпокойте.
[ne se bespokójte]

Felicitaciones , Mejores Deseos

¡Felicidades!	**Поздравявам!** [pozdravʲávam!]
¡Feliz Cumpleaños!	**Честит рожден ден!** [ʧestít roʒdén den!]
¡Feliz Navidad!	**Весела Коледа!** [vésela kóleda!]
¡Feliz Año Nuevo!	**Честита Нова година!** [ʧestíta nóva godína!]

¡Felices Pascuas!	**Честит Великден!** [ʧestít velíkden!]
¡Feliz Hanukkah!	**Честита Ханука!** [ʧestíta hánuka!]

Quiero brindar.	**Имам тост.** [ímam tost]
¡Salud!	**За вашето здраве!** [za váʃeto zdráve!]
¡Brindemos por …!	**Да пием за …!** [da piém za …!]
¡A nuestro éxito!	**За нашия успех!** [za náʃija uspéh!]
¡A su éxito!	**За вашия успех!** [za váʃija uspéh!]

¡Suerte!	**Късмет!** [kəsmét!]
¡Que tenga un buen día!	**Приятен ден!** [prijáten den!]
¡Que tenga unas buenas vacaciones!	**Хубава почивка!** [húbava poʧífka!]
¡Que tenga un buen viaje!	**Успешно пътуване!** [uspéʃno pətúvane!]
¡Espero que se recupere pronto!	**Желая ви скорошно оздравяване!** [ʒelája vi skóroʃno ozdravʲávane!]

Socializarse

¿Por qué está triste?	**Защо сте разстроени?** [zaʃtó ste rasstróeni?]
¡Sonría! ¡Animese!	**Усмихнете се!** [usmihnéte se!]
¿Está libre esta noche?	**Заети ли сте днес вечерта?** [zaéti li ste dnes vetʃertá?]

¿Puedo ofrecerle algo de beber?	**Мога ли да ви предложа едно питие?** [móga li da vi predlóʒa ednó pitié?]
¿Querría bailar conmigo?	**Искате ли да танцувате?** [ískate li da tantsúvate?]
Vamos a ir al cine.	**Да отидем ли на кино?** [da otídem li na kíno?]

¿Puedo invitarle a ...?	**Мога ли да ви поканя на ...?** [móga li da vi pokánʲa na ...?]
un restaurante	**ресторант** [restoránt]
el cine	**кино** [kíno]
el teatro	**театър** [teátər]
dar una vuelta	**на разходка** [na rashótka]

¿A qué hora?	**В колко?** [v kólko?]
esta noche	**днес вечерта** [dnes vetʃertá]
a las seis	**в 6 часа** [v ʃest tʃasá]
a las siete	**в 7 часа** [v sédem tʃasá]
a las ocho	**в 8 часа** [v ósem tʃasá]
a las nueve	**в 9 часа** [v dévet tʃasá]

¿Le gusta este lugar?	**Харесва ли ви тук?** [harésva li vi tuk?]
¿Está aquí con alguien?	**С някой ли сте тук?** [s nʲákoj li ste tuk?]

Estoy con mi amigo /amiga/.

Аз съм с приятел /приятелка/.
[az səm s prijátel /prijátelka/]

Estoy con amigos.

Аз съм с приятели.
[az səm s prijáteli]

No, estoy solo /sola/.

Аз съм сам /сама/.
[az səm sam /samá/]

¿Tienes novio?

Имаш ли приятел?
[ímaʃ li prijátel?]

Tengo novio.

Аз имам приятел.
[az ímam prijátel]

¿Tienes novia?

Имаш ли приятелка?
[ímaʃ li prijátelka?]

Tengo novia.

Аз имам гадже.
[az ímam gádʒe]

¿Te puedo volver a ver?

Ще се видим ли още?
[ʃte se vídim li oʃté?]

¿Te puedo llamar?

Мога ли да ти се обадя?
[móga li da ti se obádʲa?]

Llámame.

Обади ми се.
[obádi mi se]

¿Cuál es tu número?

Какъв ти е номерът?
[kakév ti e nómerət?]

Te echo de menos.

Липсваш ми.
[lípsvaʃ mi]

¡Qué nombre tan bonito!

Имате много красиво име.
[ímate mnógo krasívo íme]

Te quiero.

Аз те обичам.
[az te obítʃam]

¿Te casarías conmigo?

Омъжи се за мен.
[oméʒi se za men]

¡Está de broma!

Шегувате се!
[ʃegúvate se!]

Sólo estoy bromeando.

Аз само се шегувам.
[az sámo se ʃegúvam]

¿En serio?

Сериозно ли говорите?
[seriózno li govórite?]

Lo digo en serio.

Сериозен /сериозна/ съм.
[seriózen /seriózna/ səm]

¿De verdad?

Наистина ли?!
[naístina li?!]

¡Es increíble!

Това е невероятно!
[tová e neverojátno!]

No le creo.

Не ви вярвам.
[ne vi vʲárvam]

No puedo.

Аз не мога.
[az ne móga]

No lo sé.

Аз не знам.
[az ne znam]

No le entiendo.

Аз не ви разбирам.
[az ne vi razbíram]

Váyase, por favor.

Вървете си, моля.
[vərvéte si, mólʲa]

¡Déjeme en paz!

Оставете ме на мира!
[ostávete me na mirá!]

Es inaguantable.

Не го понасям.
[ne go ponásʲam]

¡Es un asqueroso!

Отвратителен сте!
[otvratítelen ste!]

¡Llamaré a la policía!

Ще повикам полиция!
[ʃte póvikam polítsija!]

Compartir impresiones. Emociones

Me gusta.	**Това ми харесва.** [tová mi harésva]
Muy lindo.	**Много мило.** [mnógo mílo]
¡Es genial!	**Това е страхотно!** [tová e strahótno!]
No está mal.	**Не е лошо.** [ne e lóʃo]
No me gusta.	**Това не ми харесва.** [tová ne mi harésva]
No está bien.	**Това не е добре.** [tová ne e dobré]
Está mal.	**Това е лошо.** [tová e lóʃo]
Está muy mal.	**Това е много лошо.** [tová e mnógo lóʃo]
¡Qué asco!	**Това е отвратително.** [tová e otvratítelno]
Estoy feliz.	**Щастлив /щастлива/ съм.** [ʃtastlív /ʃtastlíva/ səm]
Estoy contento /contenta/.	**Доволен /доволна/ съм.** [dovólen /dovólna/ səm]
Estoy enamorado /enamorada/.	**Влюбен /влюбена/ съм.** [vlʲúben /vlʲúbena/ səm]
Estoy tranquilo.	**Спокоен /спокойна/ съм.** [spokóen /spokójna/ səm]
Estoy aburrido.	**Скучно ми е.** [skúʧno mi e]
Estoy cansado /cansada/.	**Аз се изморих.** [az se izmoríh]
Estoy triste.	**Тъжно ми е.** [təʒno mi e]
Estoy asustado.	**Уплашен /уплашена/ съм.** [upláʃen /upláʃena/ səm]
Estoy enfadado /enfadada/.	**Ядосвам се.** [jadósvam se]
Estoy preocupado /preocupada/.	**Вълнувам се.** [vəlnúvam se]
Estoy nervioso /nerviosa/.	**Аз нервнича.** [az nérvniʧa]

Estoy celoso /celosa/.

Аз завиждам.
[az zavízdam]

Estoy sorprendido /sorprendida/.

Учуден /учудена/ съм.
[utʃúden /utʃúdena/ səm]

Estoy perplejo /perpleja/.

Аз съм объркан /объркана/.
[az səm obérkan /obérkana/]

Problemas, Accidentes

Tengo un problema.	**Аз имам проблем.** [az ímam problém]
Tenemos un problema.	**Ние имаме проблем.** [nie ímame problém]
Estoy perdido /perdida/.	**Аз се заблудих.** [az se zablúdih]
Perdi el último autobús (tren).	**Аз закъснях за последния** **автобус (влак).** [az zakesnʲáh za poslédniʲa aftobús (vlak)]
No me queda más dinero.	**Не ми останаха никакви пари.** [ne mi ostánaha níkakvi parí]

He perdido …	**Аз загубих …** [az zagúbih …]
Me han robado …	**Откраднаха ми …** [otkrádnaha mi …]
mi pasaporte	**паспорта** [paspórta]
mi cartera	**портмонето** [portmonéto]
mis papeles	**документите** [dokuméntite]
mi billete	**билета** [biléta]

mi dinero	**парите** [paríte]
mi bolso	**чантата** [tʃántata]
mi cámara	**фотоапарата** [fotoaparáta]
mi portátil	**лаптопа** [laptópa]
mi tableta	**таблета** [tabléta]
mi teléfono	**телефона** [telefóna]

¡Ayúdeme!	**Помогнете!** [pomognéte!]
¿Qué pasó?	**Какво се случи?** [kakvó se slutʃí?]

el incendio	**пожар** [poʒár]
un tiroteo	**стрелба** [strelbá]
el asesinato	**убийство** [ubíjstvo]
una explosión	**взрив** [vzriv]
una pelea	**бой** [boj]

¡Llame a la policía!	**Извикайте полиция!** [izvikájte polítsija!]
¡Más rápido, por favor!	**Моля, по-бързо!** [mólʲa, po-bérzo!]
Busco la comisaría.	**Аз търся полицейски участък.** [az térsʲa politséjski u'ʧastək]
Tengo que hacer una llamada.	**Трябва да се обадя.** [trʲábva da se obádʲa]
¿Puedo usar su teléfono?	**Мога ли да се обадя?** [móga li da se obádʲa?]

Me han ...	**Мен ме ...** [men me ...]
asaltado /asaltada/	**ограбиха** [ográbiha]
robado /robada/	**обраха** [obráha]
violada	**изнасилиха** [iznasíliha]
atacado /atacada/	**пребиха** [prebíha]

¿Se encuentra bien?	**Всичко ли е наред?** [fsíʧko li e naréd?]
¿Ha visto quien a sido?	**Видяхте ли, кой беше?** [vidʲáhte li, koj béʃe?]
¿Sería capaz de reconocer a la persona?	**Ще можете ли да го познаете?** [ʃte móʒete li da go poznáete?]
¿Está usted seguro?	**Сигурен /сигурна/ ли сте?** [síguren /sígurna/ li ste?]

Por favor, cálmese.	**Моля, да се успокоите.** [mólʲa, da se uspokóite]
¡Cálmese!	**По-спокойно!** [po-spokójno!]
¡No se preocupe!	**Не се безпокойте.** [ne se bespokójte]
Todo irá bien.	**Всичко ще се оправи.** [fsíʧko ʃte se oprávi]
Todo está bien.	**Всичко е наред.** [fsíʧko e naréd]

Venga aquí, por favor.

Елате, моля.
[eláte, mólʲa]

Tengo unas preguntas para usted.

Имам няколко въпроса към Вас.
[ímam nʲakólko vəprósa kəm vas]

Espere un momento, por favor.

Изчакайте, моля.
[iztʃákajte, mólʲa]

¿Tiene un documento de identidad?

Имате ли документи?
[ímate li dokuménti?]

Gracias. Puede irse ahora.

Благодаря. Свободни сте.
[blagodarʲá. svobódni ste]

¡Manos detrás de la cabeza!

Ръцете зад тила!
[rətséte zat tíla!]

¡Está arrestado!

Арестуван /арестувана/ сте!
[arestúvan /arestúvana/ ste!]

Problemas de salud

Ayudeme, por favor.	**Помогнете, моля.** [pomognéte, mól'a]
No me encuentro bien.	**Лошо ми е.** [lóʃo mi e]
Mi marido no se encuentra bien.	**На мъжа ми му е лошо.** [na məʒá mi mu e lóʃo]
Mi hijo …	**На сина ми …** [na siná mi …]
Mi padre …	**На баща ми …** [na baʃtá mi …]
Mi mujer no se encuentra bien.	**На жена ми и е лошо.** [na ʒená mi i e lóʃo]
Mi hija …	**На дъщеря ми …** [na dəʃter'á mi …]
Mi madre …	**На майка ми …** [na májka mi …]
Me duele …	**Боли ме …** [bolí me …]
la cabeza	**главата** [glaváta]
la garganta	**гърлото** [gérloto]
el estómago	**корема** [koréma]
un diente	**зъба** [zéba]
Estoy mareado.	**Ви е ми се свят.** [vi e mi se sv'at]
Él tiene fiebre.	**Той има температура.** [toj íma temperatúra]
Ella tiene fiebre.	**Тя има температура.** [t'a íma temperatúra]
No puedo respirar.	**Аз не мога да дишам.** [az ne móga da díʃam]
Me ahogo.	**Аз се задъхвам.** [az se zadéhvam]
Tengo asma.	**Аз съм астматик.** [az səm astmatík]
Tengo diabetes.	**Аз съм диабетик.** [az səm diabetík]

No puedo dormir.	**Имам безсъние.** [ímam bessénie]
intoxicación alimentaria	**хранително отравяне** [hranítelno otrávʲane]

Me duele aquí.	**Тук ме боли.** [tuk me bolí]
¡Ayúdeme!	**Помогнете!** [pomognéte!]
¡Estoy aquí!	**Аз съм тук!** [az səm tuk!]
¡Estamos aquí!	**Ние сме тук!** [nie sme tuk!]
¡Saquenme de aquí!	**Извадете ме!** [izvadéte me!]
Necesito un médico.	**Трябва ми лекар.** [trʲábva mi lékar]
No me puedo mover.	**Не мога да мърдам.** [ne móga da mérdam]
No puedo mover mis piernas.	**Не си чувствам краката.** [ne si tʃúfstvam krakáta]

Tengo una herida.	**Аз съм ранен /ранена/.** [az səm ránen /ránena/]
¿Es grave?	**Сериозно ли е?** [seriózno li e?]
Mis documentos están en mi bolsillo.	**Документите ми са в джоба.** [dokuméntite mi sa v dʒóba]
¡Cálmese!	**Успокойте се!** [uspokójte se!]
¿Puedo usar su teléfono?	**Мога ли да се обадя?** [móga li da se obádʲa?]

¡Llame a una ambulancia!	**Повикайте бърза помощ!** [povikájte bérza pómoʃt!]
¡Es urgente!	**Това е спешно!** [tová e spéʃno!]
¡Es una emergencia!	**Това е много спешно!** [tová e mnógo spéʃno!]
¡Más rápido, por favor!	**Моля, по-бързо!** [mólʲa, po-bérzo!]
¿Puede llamar a un médico, por favor?	**Повикайте лекар, моля.** [povikájte lékar, mólʲa]
¿Dónde está el hospital?	**Кажете, моля, къде е болницата?** [kaʒéte, mólʲa, kədé e bólnitsata?]

¿Cómo se siente?	**Как се чувствате?** [kak se tʃúfstvate?]
¿Se encuentra bien?	**Всичко ли е наред?** [fsítʃko li e naréd?]
¿Qué pasó?	**Какво се случи?** [kakvó se slutʃí?]

Me encuentro mejor.

Вече ми е по-добре.
[vétʃe mi e po-dobré]

Está bien.

Всичко е наред.
[fsítʃko e naréd]

Todo está bien.

Всичко е наред.
[fsítʃko e naréd]

En la farmacia

la farmacia	аптека [aptéka]
la farmacia 24 horas	денонощна аптека [denonóʃtna aptéka]
¿Dónde está la farmacia más cercana?	Къде е най-близката аптека? [kədé e naj-blízkata aptéka?]

¿Está abierta ahora?	Сега отворена ли е? [segá otvórena li e?]
¿A qué hora abre?	В колко се отваря? [v kólko se otvárʲa?]
¿A qué hora cierra?	До колко работи? [do kólko ráboti?]

¿Está lejos?	Далече ли е? [dalétʃe li e?]
¿Puedo llegar a pie?	Ще стигна ли дотам пеша? [ʃte stígna li dotám péʃa?]
¿Puede mostrarme en el mapa?	Покажете ми на картата, моля. [pokaʒéte mi na kártata, mólʲa]

Por favor, deme algo para …	Дайте ми нещо за … [dájte mi néʃto za …]
un dolor de cabeza	главоболие [glavobólie]
la tos	кашлица [káʃlitsa]
el resfriado	настинка [nastínka]
la gripe	грип [grip]

la fiebre	температура [temperatúra]
un dolor de estomago	болки в стомаха [bólki v stomáha]
nauseas	повръщане [povréʃtane]
la diarrea	диария [diárija]
el estreñimiento	запек [zápek]
un dolor de espalda	болки в гърба [bólki v gérba]

un dolor de pecho	**болки в гърдите** [bólki v gərdíte]
el flato	**болки отстрани** [bólki otstraní]
un dolor abdominal	**болки в корема** [bólki v koréma]

la píldora	**таблетка** [tablétka]
la crema	**маз, мехлем, крем** [maz, mehlém, krem]
el jarabe	**сироп** [siróp]
el spray	**спрей** [sprej]
las gotas	**капки** [kápki]

Tiene que ir al hospital.	**Трябва да отидете в болница.** [trʲábva da otidéte v bólnitsa]
el seguro de salud	**застраховка** [zastrahófka]
la receta	**рецепта** [retsépta]
el repelente de insectos	**препарат от насекоми** [preparát ot nasekómi]
la curita	**лейкопласт** [lejkoplást]

Lo más imprescindible

Perdone, ...	**Извинете, ...** [izvinéte, ...]
Hola.	**Здравейте.** [zdravéjte]
Gracias.	**Благодаря.** [blagodar'á]
Sí.	**Да.** [da]
No.	**Не.** [ne]
No lo sé.	**Аз не знам.** [az ne znam]
¿Dónde? | ¿A dónde? | ¿Cuándo?	**Къде? | Накъде? | Кога?** [kədé? | nakədé? | kogá?]
Necesito ...	**Трябва ми ...** [tr'ábva mi ...]
Quiero ...	**Аз искам ...** [az ískam ...]
¿Tiene ...?	**Имате ли ...?** [ímate li ...?]
¿Hay ... por aquí?	**Тук има ли ...?** [tuk íma li ...?]
¿Puedo ...?	**Мога ли ...?** [móga li ...?]
..., por favor? (petición educada)	**Моля.** [mól'a]
Busco ...	**Аз търся ...** [az térs'a ...]
el servicio	**тоалетна** [toalétna]
un cajero automático	**банкомат** [bankomát]
una farmacia	**аптека** [aptéka]
el hospital	**болница** [bólnitsa]
la comisaría	**полицейски участък** [politséjski utʃástək]
el metro	**метро** [metró]

un taxi	**такси** [táksi]
la estación de tren	**гара** [gára]

Me llamo …	**Казвам се …** [kázvam se …]
¿Cómo se llama?	**Как се казвате?** [kak se kázvate?]
¿Puede ayudarme, por favor?	**Помогнете ми, моля.** [pomognéte mi, mól'a]
Tengo un problema.	**Аз имам проблем.** [az ímam problém]
Me encuentro mal.	**Лошо ми е.** [lóʃo mi e]
¡Llame a una ambulancia!	**Повикайте бърза помощ!** [povikájte bérza pómoʃt!]
¿Puedo llamar, por favor?	**Може ли да се обадя?** [móʒe li da se obád'a?]

Lo siento.	**Извинявам се.** [izvin'ávam se]
De nada.	**Моля.** [mól'a]

Yo	**аз** [az]
tú	**ти** [ti]
él	**той** [toj]
ella	**тя** [t'a]
ellos	**те** [te]
ellas	**те** [te]
nosotros /nosotras/	**ние** [nie]
ustedes, vosotros	**вие** [víe]
usted	**Вие** [víe]

ENTRADA	**ВХОД** [vhod]
SALIDA	**ИЗХОД** [íshot]
FUERA DE SERVICIO	**НЕ РАБОТИ** [ne ráboti]
CERRADO	**ЗАТВОРЕНО** [zatvóreno]

ABIERTO

ОТВОРЕНО
[otvóreno]

PARA SEÑORAS

ЗА ЖЕНИ
[za ʒení]

PARA CABALLEROS

ЗА МЪЖЕ
[za məʒé]

VOCABULARIO TEMÁTICO

Esta sección contiene más
de 3.000 de las palabras más
importantes. El diccionario
le proporcionará una ayuda
inestimable mientras viaja al
extranjero, porque las palabras
individuales son a menudo
suficientes para que
le entiendan.
El diccionario incluye una
transcripción adecuada
de cada palabra extranjera

T&P Books Publishing

CONTENIDO
DEL DICCIONARIO

T&P Books Publishing

T&P BOOKS

CONCEPTOS BÁSICOS

T&P Books Publishing

1. Los pronombres

yo	аз	[az]
tú	ти	[ti]
él	той	[toj]
ella	тя	[tʲa]
ello	то	[to]
nosotros, -as	ние	[níe]
vosotros, -as	вие	[víe]
ellos, ellas	те	[te]

2. Saludos. Salutaciones

¡Hola! (fam.)	Здравей!	[zdravéj]
¡Hola! (form.)	Здравейте!	[zdravéjte]
¡Buenos días!	Добро утро!	[dobró útro]
¡Buenas tardes!	Добър ден!	[dóbər den]
¡Buenas noches!	Добър вечер!	[dóbər vétʃer]
decir hola	поздравявам	[pozdravʲávam]
¡Hola! (a un amigo)	Здрасти!	[zdrásti]
saludo (m)	поздрав (м)	[pózdrav]
saludar (vt)	приветствувам	[privétstvuvam]
¿Cómo estás?	Как си?	[kak si]
¿Qué hay de nuevo?	Какво ново?	[kakvó nóvo]
¡Chau! ¡Adiós!	Довиждане!	[dovíʒdane]
¡Hasta pronto!	До скора среща!	[do skóra sréʃta]
¡Adiós!	Сбогом!	[zbógom]
despedirse (vr)	сбогувам се	[sbogúvam se]
¡Hasta luego!	До скоро!	[do skóro]
¡Gracias!	Благодаря!	[blagodarʲá]
¡Muchas gracias!	Много благодаря!	[mnógo blagodarʲá]
De nada	Моля.	[mólʲa]
No hay de qué	Няма нищо.	[nʲáma níʃto]
De nada	Няма за какво.	[nʲáma za kakvó]
¡Disculpa!	Извинявай!	[izvinʲávaj]
¡Disculpe!	Извинявайте!	[izvinʲávajte]
disculpar (vt)	извинявам	[izvinʲávam]
disculparse (vr)	извинявам се	[izvinʲávam se]

Mis disculpas	Моите извинения.	[móite izvinénija]
¡Perdóneme!	Прощавайте!	[proʃtávajte]
por favor	моля	[mólʲa]

¡No se le olvide!	Не забравяйте!	[ne zabrávʲajte]
¡Ciertamente!	Разбира се!	[razbíra se]
¡Claro que no!	Разбира се, не!	[razbíra se ne]
¡De acuerdo!	Съгласен!	[səglásen]
¡Basta!	Стига!	[stíga]

3. Las preguntas

¿Quién?	Кой?	[koj]
¿Qué?	Какво?	[kakvó]
¿Dónde?	Къде?	[kədé]
¿Adónde?	Къде?	[kədé]
¿De dónde?	Откъде?	[otkədé]
¿Cuándo?	Кога?	[kogá]
¿Para qué?	За какво?	[za kakvó]
¿Por qué?	Защо?	[zaʃtó]

¿Por qué razón?	За какво?	[za kakvó]
¿Cómo?	Как?	[kak]
¿Cuál?	Кой?	[koj]

¿A quién?	На кого?	[na kogó]
¿De quién? (~ hablan ...)	За кого?	[za kogó]
¿De qué?	За какво?	[za kakvó]
¿Con quién?	С кого?	[s kogó]
¿Cuánto?	Колко?	[kólko]
¿De quién? (~ es este ...)	Чий?	[tʃij]

4. Las preposiciones

con ... (~ algn)	с ...	[s]
sin ... (~ azúcar)	без	[bez]
a ... (p.ej. voy a México)	в, във	[v], [vəf]
de ... (hablar ~)	за	[za]
antes de ...	преди	[predí]
delante de ...	пред ...	[pret]

debajo	под	[pot]
sobre ..., encima de ...	над	[nat]
en, sobre (~ la mesa)	върху	[vərhú]
de (origen)	от	[ot]
de (fabricado de)	от	[ot]
dentro de ...	след	[slet]
encima de ...	през	[pres]

5. Las palabras útiles. Los adverbios. Unidad 1

¿Dónde?	Къде?	[kədé]
aquí (adv)	тук	[tuk]
allí (adv)	там	[tam]

| en alguna parte | някъде | [nʲákəde] |
| en ninguna parte | никъде | [níkəde] |

| junto a ... | до ... | [do] |
| junto a la ventana | до прозореца | [do prozóretsa] |

¿A dónde?	Къде?	[kədé]
aquí (venga ~)	тук	[tuk]
allí (vendré ~)	нататък	[natátək]
de aquí (adv)	оттук	[ottúk]
de allí (adv)	оттам	[ottám]

| cerca (no lejos) | близо | [blízo] |
| lejos (adv) | далече | [dalétʃe] |

cerca de ...	до	[do]
al lado (de ...)	редом	[rédom]
no lejos (adv)	недалече	[nedalétʃe]

izquierdo (adj)	ляв	[lʲav]
a la izquierda (situado ~)	отляво	[otlʲávo]
a la izquierda (girar ~)	вляво	[vlʲávo]

derecho (adj)	десен	[désen]
a la derecha (situado ~)	отдясно	[otdʲásno]
a la derecha (girar)	вдясно	[vdʲásno]

delante (yo voy ~)	отпред	[otprét]
delantero (adj)	преден	[préden]
adelante (movimiento)	напред	[naprét]

detrás de ...	отзад	[otzát]
desde atrás	отзад	[otzát]
atrás (da un paso ~)	назад	[nazát]

| centro (m), medio (m) | среда (ж) | [sredá] |
| en medio (adv) | по средата | [po sredáta] |

de lado (adv)	встрани	[fstraní]
en todas partes	навсякъде	[nafsʲákəde]
alrededor (adv)	наоколо	[naókolo]

de dentro (adv)	отвътре	[otvétre]
a alguna parte	някъде	[nʲákəde]
todo derecho (adv)	направо	[naprávo]

atrás (muévelo para ~)	обратно	[obrátno]
de alguna parte (adv)	откъдето и да е	[otkədéto i da e]
no se sabe de dónde	отнякъде	[otnʲákəde]

primero (adv)	първо	[pέrvo]
segundo (adv)	второ	[ftóro]
tercero (adv)	трето	[tréto]

de súbito (adv)	изведнъж	[izvednέʃ]
al principio (adv)	в началото	[f natʃáloto]
por primera vez	за пръв път	[za prəv pέt]
mucho tiempo antes …	много време преди …	[mnógo vréme predí]
de nuevo (adv)	наново	[nanóvo]
para siempre (adv)	завинаги	[zavínagi]

jamás, nunca (adv)	никога	[níkoga]
de nuevo (adv)	пак	[pak]
ahora (adv)	сега	[segá]
frecuentemente (adv)	често	[tʃésto]
entonces (adv)	тогава	[togáva]
urgentemente (adv)	срочно	[sróʧno]
usualmente (adv)	обикновено	[obiknovéno]

a propósito, …	между другото …	[méʒdu drúgoto]
es probable	възможно	[vəzmóʒno]
probablemente (adv)	вероятно	[verojátno]
tal vez	може би	[móʒe bi]
además …	освен това, …	[osvén tová]
por eso …	затова	[zatová]
a pesar de …	въпреки че …	[vέpreki ʧe]
gracias a …	благодарение на …	[blagodarénie na]

qué (pron)	какво	[kakvó]
que (conj)	че	[ʧe]
algo (~ le ha pasado)	нещо	[néʃto]

| algo (~ así) | нещо | [néʃto] |
| nada (f) | нищо | [níʃto] |

quien	кой	[koj]
alguien (viene ~)	някой	[nʲákoj]
alguien (¿ha llamado ~?)	някой	[nʲákoj]

| nadie | никой | [níkoj] |
| a ninguna parte | никъде | [níkəde] |

| de nadie | ничий | [níʧij] |
| de alguien | нечий | [néʧij] |

tan, tanto (adv)	така	[taká]
también (~ habla francés)	също така	[séʃto taká]
también (p.ej. Yo ~)	също	[séʃto]

6. Las palabras útiles. Los adverbios. Unidad 2

¿Por qué?	Защо?	[ʒaʃtɔ́]
no se sabe porqué	кой знае защо	[koj znáe zaʃtó]
porque …	защото …	[zaʃtóto]
por cualquier razón (adv)	кой знае защо	[koj znáe zaʃtó]
y (p.ej. uno y medio)	и	[i]
o (p.ej. té o café)	или	[ilí]
pero (p.ej. me gusta, ~)	но	[no]
para (p.ej. es para ti)	за	[za]
demasiado (adv)	прекалено	[prekaléno]
sólo, solamente (adv)	само	[sámo]
exactamente (adv)	точно	[tótʃno]
unos …,	около	[ókolo]
cerca de … (~ 10 kg)		
aproximadamente	приблизително	[priblizítelno]
aproximado (adj)	приблизителен	[priblizítelen]
casi (adv)	почти	[potʃtí]
resto (m)	остатък (м)	[ostátǝk]
el otro (adj)	друг	[druk]
otro (p.ej. el otro día)	друг	[druk]
cada (adj)	всеки	[fséki]
cualquier (adj)	всеки	[fséki]
mucho (adv)	много	[mnógo]
muchos (mucha gente)	много	[mnógo]
todos	всички	[fsítʃki]
a cambio de …	в обмяна на …	[v obmʲána na]
en cambio (adv)	в замяна	[v zamʲána]
a mano (hecho ~)	ръчно	[rátʃno]
poco probable	едва ли	[edvá li]
probablemente	вероятно	[verojátno]
a propósito (adv)	специално	[spetsiálno]
por accidente (adv)	случайно	[slutʃájno]
muy (adv)	много	[mnógo]
por ejemplo (adv)	например	[naprímer]
entre (~ nosotros)	между	[meʒdú]
entre (~ otras cosas)	сред	[sret]
tanto (~ gente)	толкова	[tólkova]
especialmente (adv)	особено	[osóbeno]

NÚMEROS. MISCELÁNEA

T&P Books Publishing

7. Números cardinales. Unidad 1

cero	нула (ж)	[núla]
uno	едно	[ednó]
dos	две	[dve]
tres	три	[tri]
cuatro	четири	[ʧétiri]

cinco	пет	[pet]
seis	шест	[ʃest]
siete	седем	[sédem]
ocho	осем	[ósem]
nueve	девет	[dévet]

diez	десет	[déset]
once	единадесет	[edinádeset]
doce	дванадесет	[dvanádeset]
trece	тринадесет	[trinádeset]
catorce	четиринадесет	[ʧetirinádeset]

quince	петнадесет	[petnádeset]
dieciséis	шестнадесет	[ʃesnádeset]
diecisiete	седемнадесет	[sedemnádeset]
dieciocho	осемнадесет	[osemnádeset]
diecinueve	деветнадесет	[devetnádeset]

veinte	двадесет	[dvádeset]
veintiuno	двадесет и едно	[dvádeset i ednó]
veintidós	двадесет и две	[dvádeset i dve]
veintitrés	двадесет и три	[dvádeset i tri]

treinta	тридесет	[trídeset]
treinta y uno	тридесет и едно	[trídeset i ednó]
treinta y dos	тридесет и две	[trídeset i dve]
treinta y tres	тридесет и три	[trídeset i tri]

cuarenta	четиридесет	[ʧetírideset]
cuarenta y uno	четиридесет и едно	[ʧetírideset i ednó]
cuarenta y dos	четиридесет и две	[ʧetírideset i dve]
cuarenta y tres	четиридесет и три	[ʧetírideset i tri]

cincuenta	петдесет	[petdesét]
cincuenta y uno	петдесет и едно	[petdesét i ednó]
cincuenta y dos	петдесет и две	[petdesét i dve]
cincuenta y tres	петдесет и три	[petdesét i tri]
sesenta	шестдесет	[ʃestdesét]

sesenta y uno	шестдесет и едно	[ʃestdesét i ednó]
sesenta y dos	шестдесет и две	[ʃestdesét i dve]
sesenta y tres	шестдесет и три	[ʃestdesét i tri]

setenta	седемдесет	[sedemdesét]
setenta y uno	седемдесет и едно	[sedemdesét i ednó]
setenta y dos	седемдесет и две	[sedemdesét i dve]
setenta y tres	седемдесет и три	[sedemdesét i tri]

ochenta	осемдесет	[osemdesét]
ochenta y uno	осемдесет и едно	[osemdesét i ednó]
ochenta y dos	осемдесет и две	[osemdesét i dve]
ochenta y tres	осемдесет и три	[osemdesét i tri]

noventa	деветдесет	[devetdesét]
noventa y uno	деветдесет и едно	[devetdesét i ednó]
noventa y dos	деветдесет и две	[devetdesét i dve]
noventa y tres	деветдесет и три	[devetdesét i tri]

8. Números cardinales. Unidad 2

cien	сто	[sto]
doscientos	двеста	[dvésta]
trescientos	триста	[trísta]
cuatrocientos	четиристотин	[ʧétiri·stótin]
quinientos	петстотин	[pét·stótin]

seiscientos	шестстотин	[ʃést·stótin]
setecientos	седемстотин	[sédem·stótin]
ochocientos	осемстотин	[ósem·stótin]
novecientos	деветстотин	[dévet·stótin]

mil	хиляда (ж)	[hilʲáda]
dos mil	две хиляди	[dve hílʲadi]
tres mil	три хиляди	[tri hílʲadi]
diez mil	десет хиляди	[déset hílʲadi]
cien mil	сто хиляди	[sto hílʲadi]
millón (m)	милион (м)	[milión]
mil millones	милиард (м)	[miliárt]

9. Números ordinales

primero (adj)	първи	[pǝ́rvi]
segundo (adj)	втори	[ftóri]
tercero (adj)	трети	[tréti]
cuarto (adj)	четвърти	[ʧetvǝ́rti]
quinto (adj)	пети	[péti]
sexto (adj)	шести	[ʃésti]

séptimo (adj)	седми	[sédmi]
octavo (adj)	осми	[ósmi]
noveno (adj)	девети	[devéti]
décimo (adj)	десети	[deséti]

T&P BOOKS

LOS COLORES.
LAS UNIDADES DE MEDIDA

T&P Books Publishing

10. Los colores

color (m)	цвят (м)	[tsvⁱat]
matiz (m)	оттенък (м)	[otténək]
tono (m)	тон (м)	[ton]
arco (m) iris	небесна дъга (ж)	[nebésna dəgá]
blanco (adj)	бял	[bⁱal]
negro (adj)	черен	[ʧéren]
gris (adj)	сив	[siv]
verde (adj)	зелен	[zelén]
amarillo (adj)	жълт	[ʒəlt]
rojo (adj)	червен	[ʧervén]
azul (adj)	син	[sin]
azul claro (adj)	небесносин	[nebesnosín]
rosa (adj)	розов	[rózov]
naranja (adj)	оранжев	[oránʒev]
violeta (adj)	виолетов	[violétov]
marrón (adj)	кафяв	[kafⁱáv]
dorado (adj)	златен	[zláten]
argentado (adj)	сребрист	[srebríst]
beige (adj)	бежов	[béʒov]
crema (adj)	кремав	[krémaʃ]
turquesa (adj)	тюркоазен	[tⁱurkoázen]
rojo cereza (adj)	вишнев	[víʃnev]
lila (adj)	лилав	[liláʃ]
carmesí (adj)	малинов	[malínov]
claro (adj)	светъл	[svétəl]
oscuro (adj)	тъмен	[témen]
vivo (adj)	ярък	[járək]
de color (lápiz ~)	цветен	[tsvéten]
en colores (película ~)	цветен	[tsvéten]
blanco y negro (adj)	черно-бял	[ʧérno-bⁱal]
unicolor (adj)	едноцветен	[edno·tsvéten]
multicolor (adj)	многоцветен	[mnogo·tsvéten]

11. Las unidades de medida

peso (m)	тегло (с)	[tegló]
longitud (f)	дължина (ж)	[dəʒiná]

anchura (f)	широчина (ж)	[ʃirotʃiná]
altura (f)	височина (ж)	[visotʃiná]
profundidad (f)	дълбочина (ж)	[dəlbotʃiná]
volumen (m)	обем (м)	[obém]
área (f)	площ (ж)	[ploʃt]

gramo (m)	грам (м)	[gram]
miligramo (m)	милиграм (м)	[miligrám]
kilogramo (m)	килограм (м)	[kilográm]
tonelada (f)	тон (м)	[ton]
libra (f)	фунт (м)	[funt]
onza (f)	унция (ж)	[úntsija]

metro (m)	метър (м)	[métər]
milímetro (m)	милиметър (м)	[milimétər]
centímetro (m)	сантиметър (м)	[santimétər]
kilómetro (m)	километър (м)	[kilométər]
milla (f)	миля (ж)	[mílʲa]

pulgada (f)	дюйм (м)	[dʲujm]
pie (m)	фут (м)	[fut]
yarda (f)	ярд (м)	[jart]

metro (m) cuadrado	квадратен метър (м)	[kvadráten métər]
hectárea (f)	хектар (м)	[hektár]
litro (m)	литър (м)	[lítər]
grado (m)	градус (м)	[grádus]
voltio (m)	волт (м)	[volt]
amperio (m)	ампер (м)	[ampér]
caballo (m) de fuerza	конска сила (ж)	[kónska síla]

cantidad (f)	количество (с)	[kolítʃestvo]
un poco de …	малко …	[málko]
mitad (f)	половина (ж)	[polovína]
docena (f)	дузина (ж)	[duzína]
pieza (f)	брой (м)	[broj]

| dimensión (f) | размер (м) | [razmér] |
| escala (f) (del mapa) | мащаб (м) | [maʃtáp] |

mínimo (adj)	минимален	[minimálen]
el más pequeño (adj)	най-малък	[naj-málək]
medio (adj)	среден	[sréden]
máximo (adj)	максимален	[maksimálen]
el más grande (adj)	най-голям	[naj-golʲám]

12. Contenedores

| tarro (m) de vidrio | буркан (м) | [burkán] |
| lata (f) | тенекия (ж) | [tenekíja] |

cubo (m)	кофа (ж)	[kófa]
barril (m)	бъчва (ж)	[bétʃva]
palangana (f)	леген (м)	[leɣén]
tanque (m)	резервоар (м)	[rezervoár]
petaca (f) (de alcohol)	манерка (ж)	[manérka]
bidón (m) de gasolina	туба (ж)	[túba]
cisterna (f)	цистерна (ж)	[tsistérna]
taza (f) (mug de cerámica)	чаша (ж)	[tʃáʃa]
taza (f) (~ de café)	чаша (ж)	[tʃáʃa]
platillo (m)	чинийка (ж)	[tʃiníjka]
vaso (m) (~ de agua)	стакан (м)	[stakán]
copa (f) (~ de vino)	чаша (ж) за вино	[tʃáʃa za víno]
olla (f)	тенджера (ж)	[téndʒera]
botella (f)	бутилка (ж)	[butílka]
cuello (m) de botella	гърло (с) на бутилка	[gérlo na butílka]
garrafa (f)	гарафа (ж)	[garáfa]
jarro (m) (~ de agua)	кана (ж)	[kána]
recipiente (m)	съд (м)	[sət]
tarro (m)	гърне (с)	[gərné]
florero (m)	ваза (ж)	[váza]
frasco (m) (~ de perfume)	шишенце (с)	[ʃiʃéntse]
frasquito (m)	шишенце (с)	[ʃiʃéntse]
tubo (m)	тубичка (ж)	[túbitʃka]
saco (m) (~ de azúcar)	чувал (м)	[tʃuvál]
bolsa (f) (~ plástica)	плик (м)	[plik]
paquete (m) (~ de cigarrillos)	кутия (ж)	[kutíja]
caja (f)	кутия (ж)	[kutíja]
cajón (m) (~ de madera)	щайга (ж)	[ʃtájga]
cesta (f)	кошница (ж)	[kóʃnitsa]

T&P BOOKS

LOS VERBOS
MÁS IMPORTANTES

T&P Books Publishing

13. Los verbos más importantes. Unidad 1

abrir (vt)	отварям	[otvárʲam]
acabar, terminar (vt)	приключвам	[priklʲútʃvam]
aconsejar (vt)	съветвам	[səvétvam]
adivinar (vt)	отгатна	[otgátna]
advertir (vt)	предупреждавам	[predupreʒdávam]
alabarse, jactarse (vr)	хваля се	[hválʲa se]
almorzar (vi)	обядвам	[obʲádvam]
alquilar (~ una casa)	наемам	[naémam]
amenazar (vt)	заплашвам	[zapláʃvam]
arrepentirse (vr)	съжалявам	[səʒalʲávam]
ayudar (vt)	помагам	[pomágam]
bañarse (vr)	къпя се	[kəpʲa se]
bromear (vi)	шегувам се	[ʃegúvam se]
buscar (vt)	търся	[térsʲa]
caer (vi)	падам	[pádam]
callarse (vr)	мълча	[məltʃá]
cambiar (vt)	сменям	[sménʲam]
castigar, punir (vt)	наказвам	[nakázvam]
cavar (vt)	ровя	[róvʲa]
cazar (vi, vt)	ловувам	[lovúvam]
cenar (vi)	вечерям	[vetʃérʲam]
cesar (vt)	прекратявам	[prekratʲávam]
coger (vt)	ловя	[lovʲá]
comenzar (vt)	започвам	[zapótʃvam]
comparar (vt)	сравнявам	[sravnʲávam]
comprender (vt)	разбирам	[razbíram]
confiar (vt)	доверявам	[doverʲávam]
confundir (vt)	обърквам	[obérkvam]
conocer (~ a alguien)	познавам	[poznávam]
contar (vt) (enumerar)	броя	[brojá]
contar con ...	разчитам на ...	[rastʃítam na]
continuar (vt)	продължавам	[prodəłʒávam]
controlar (vt)	контролирам	[kontrolíram]
correr (vi)	бягам	[bʲágam]
costar (vt)	струвам	[strúvam]
crear (vt)	създам	[səzdám]

14. Los verbos más importantes. Unidad 2

dar (vt)	давам	[dávam]
dar una pista	намеквам	[namékvam]
decir (vt)	кажа	[káʒa]
decorar (para la fiesta)	украсявам	[ukrasʲávam]
defender (vt)	защитавам	[zaʃtitávam]
dejar caer	изтървавам	[istərvávam]
desayunar (vi)	закусвам	[zakúsvam]
descender (vi)	слизам	[slízam]
dirigir (administrar)	ръководя	[rəkovódʲa]
disculpar (vt)	извинявам	[izvinʲávam]
discutir (vt)	обсъждам	[obséʒdam]
dudar (vt)	съмнявам се	[səmnʲávam se]
encontrar (hallar)	намирам	[namíram]
engañar (vi, vt)	лъжа	[léʒa]
entrar (vi)	влизам	[vlízam]
enviar (vt)	изпращам	[ispráʃtam]
equivocarse (vr)	греша	[greʃá]
escoger (vt)	избирам	[izbíram]
esconder (vt)	крия	[kríja]
escribir (vt)	пиша	[píʃa]
esperar (aguardar)	чакам	[ʧákam]
esperar (tener esperanza)	надявам се	[nadʲávam se]
estar de acuerdo	съгласявам се	[səglasʲávam se]
estudiar (vt)	изучавам	[izuʧávam]
exigir (vt)	изисквам	[izískvam]
existir (vi)	съществувам	[səʃtestvúvam]
explicar (vt)	обяснявам	[obʲasnʲávam]
faltar (a las clases)	пропускам	[propúskam]
firmar (~ el contrato)	подписвам	[potpísvam]
girar (~ a la izquierda)	завивам	[zavívam]
gritar (vi)	викам	[víkam]
guardar (conservar)	съхранявам	[səhranʲávam]
gustar (vi)	харесвам	[harésvam]
hablar (vi, vt)	говоря	[govórʲa]
hacer (vt)	правя	[právʲa]
informar (vt)	информирам	[informíram]
insistir (vi)	настоявам	[nastojávam]
insultar (vt)	оскърбявам	[oskərbʲávam]
interesarse (vr)	интересувам се	[interesúvam se]
invitar (vt)	каня	[kánʲa]

ir (a pie)	вървя	[vərvʲá]
jugar (divertirse)	играя	[igrája]

15. Los verbos más importantes. Unidad 3

leer (vi, vt)	чета	[tʃeta]
liberar (ciudad, etc.)	освобождавам	[osvoboʒdávam]
llamar (por ayuda)	викам	[víkam]
llegar (vi)	пристигам	[pristígam]
llorar (vi)	плача	[plátʃa]
matar (vt)	убивам	[ubívam]
mencionar (vt)	споменавам	[spomenávam]
mostrar (vt)	показвам	[pokázvam]
nadar (vi)	плувам	[plúvam]
negarse (vr)	отказвам се	[otkázvam se]
objetar (vt)	възразявам	[vəzrazʲávam]
observar (vt)	наблюдавам	[nablʲudávam]
oír (vt)	чувам	[tʃúvam]
olvidar (vt)	забравям	[zabrávʲam]
orar (vi)	моля се	[mólʲa se]
ordenar (mil.)	заповядвам	[zapovʲádvam]
pagar (vi, vt)	плащам	[pláʃtam]
pararse (vr)	спирам се	[spíram se]
participar (vi)	участвам	[utʃástvam]
pedir (ayuda, etc.)	моля	[mólʲa]
pedir (en restaurante)	поръчвам	[porétʃvam]
pensar (vi, vt)	мисля	[míslʲa]
percibir (ver)	забелязвам	[zabelʲázvam]
perdonar (vt)	прощавам	[proʃtávam]
permitir (vt)	разрешавам	[razreʃávam]
pertenecer a ...	принадлежа ...	[prinadleʒá]
planear (vt)	планирам	[planíram]
poder (v aux)	мога	[móga]
poseer (vt)	владея	[vladéja]
preferir (vt)	предпочитам	[pretpotʃítam]
preguntar (vt)	питам	[pítam]
preparar (la cena)	готвя	[gótvʲa]
prever (vt)	предвиждам	[predvíʒdam]
probar, tentar (vt)	опитвам се	[opítvam se]
prometer (vt)	обещавам	[obeʃtávam]
pronunciar (vt)	произнасям	[proiznásʲam]
proponer (vt)	предлагам	[predlágam]
quebrar (vt)	чупя	[tʃúpʲa]

quejarse (vr)	оплаквам се	[oplákvam se]
querer (amar)	обичам	[obíʧam]
querer (desear)	искам	[ískam]

16. Los verbos más importantes. Unidad 4

recomendar (vt)	съветвам	[səvétvam]
regañar, reprender (vt)	ругая	[rugája]
reírse (vr)	смея се	[sméja se]
repetir (vt)	повтарям	[poftárʲam]
reservar (~ una mesa)	резервирам	[rezervíram]
responder (vi, vt)	отговарям	[otgovárʲam]

robar (vt)	крада	[kradá]
saber (~ algo mas)	знам	[znam]
salir (vi)	излизам	[izlízam]
salvar (vt)	спасявам	[spasʲávam]
seguir ...	вървя след ...	[varvʲá slet]
sentarse (vr)	сядам	[sʲádam]

ser necesario	трябвам	[trʲábvam]
ser, estar (vi)	съм, бъда	[səm], [béda]
significar (vt)	означавам	[oznaʧávam]
sonreír (vi)	усмихвам се	[usmíhvam se]
sorprenderse (vr)	удивлявам се	[udivlʲávam se]

subestimar (vt)	недооценявам	[nedootsenʲávam]
tener (vt)	имам	[ímam]
tener hambre	искам да ям	[ískam da jam]
tener miedo	страхувам се	[strahúvam se]

tener prisa	бързам	[bérzam]
tener sed	искам да пия	[ískam da píja]
tirar, disparar (vi)	стрелям	[strélʲam]
tocar (con las manos)	пипам	[pípam]
tomar (vt)	взимам	[vzímam]
tomar nota	записвам	[zapísvam]

trabajar (vi)	работя	[rabótʲa]
traducir (vt)	превеждам	[prevéʒdam]
unir (vt)	обединявам	[obedinʲávam]
vender (vt)	продавам	[prodávam]
ver (vt)	виждам	[víʒdam]
volar (pájaro, avión)	летя	[letʲá]

LA HORA. EL CALENDARIO

17. Los días de la semana

lunes (m)	понеделник (м)	[ponedélnik]
martes (m)	вторник (м)	[ftórnik]
miércoles (m)	сряда (ж)	[srʲáda]
jueves (m)	четвъртък (м)	[ʧetvɤ́rtək]
viernes (m)	петък (м)	[pétək]
sábado (m)	събота (ж)	[sébota]
domingo (m)	неделя (ж)	[nedélʲa]
hoy (adv)	днес	[dnes]
mañana (adv)	утре	[útre]
pasado mañana	вдругиден	[vdrugidén]
ayer (adv)	вчера	[vʧéra]
anteayer (adv)	завчера	[závʧera]
día (m)	ден (м)	[den]
día (m) de trabajo	работен ден (м)	[rabóten den]
día (m) de fiesta	празничен ден (м)	[prázniʧen den]
día (m) de descanso	почивен ден (м)	[poʧíven dén]
fin (m) de semana	почивни дни (м мн)	[poʧívni dni]
todo el día	цял ден	[tsʲal den]
al día siguiente	на следващия ден	[na slédvaʃtija den]
dos días atrás	преди два дена	[predí dva déna]
en vísperas (adv)	в навечерието	[v naveʧérieto]
diario (adj)	всекидневен	[fsekidnéven]
cada día (adv)	всекидневно	[fsekidnévno]
semana (f)	седмица (ж)	[sédmitsa]
semana (f) pasada	през миналата седмица	[pres mínalata sédmitsa]
semana (f) que viene	през следващата седмица	[pres slédvaʃtata sédmitsa]
semanal (adj)	седмичен	[sédmiʧen]
cada semana (adv)	седмично	[sédmiʧno]
2 veces por semana	два пъти на седмица	[dva pətí na sédmitsa]
todos los martes	всеки вторник	[fséki ftórnik]

18. Las horas. El día y la noche

mañana (f)	сутрин (ж)	[sútrin]
por la mañana	сутринта	[sutrintá]
mediodía (m)	пладне (с)	[pládne]
por la tarde	следобед	[sledóbet]

noche (f)	вечер (ж)	[vétʃer]
por la noche	вечер	[vétʃer]
noche (f) (p.ej. 2:00 a.m.)	нощ (ж)	[noʃt]
por la noche	нощем	[nóʃtem]
medianoche (f)	полунощ (ж)	[polunóʃt]

segundo (m)	секунда (ж)	[sekúnda]
minuto (m)	минута (ж)	[minúta]
hora (f)	час (м)	[tʃas]
media hora (f)	половин час (м)	[polovín tʃas]
cuarto (m) de hora	четвърт (ж) час	[tʃétvərt tʃas]
quince minutos	петнадесет минути	[petnádeset minúti]
veinticuatro horas	денонощие (c)	[denonóʃtie]

salida (f) del sol	изгрев слънце (c)	[ízgrev sléntsə]
amanecer (m)	разсъмване (c)	[rassémvane]
madrugada (f)	ранна сутрин (ж)	[ránna sútrin]
puesta (f) del sol	залез (м)	[zález]

de madrugada	рано сутрин	[ráno sútrin]
esta mañana	тази сутрин	[tázi sútrin]
mañana por la mañana	утре сутрин	[útre sútrin]

esta tarde	днес през деня	[dnes pres denʲá]
por la tarde	следобед	[sledóbet]
mañana por la tarde	утре следобед	[útre sledóbet]

| esta noche (p.ej. 8:00 p.m.) | довечера | [dovétʃera] |
| mañana por la noche | утре вечер | [útre vétʃer] |

a las tres en punto	точно в три часа	[tótʃno v tri tʃasá]
a eso de las cuatro	около четири часа	[ókolo tʃétiri tʃasá]
para las doce	към дванадесет часа	[kəm dvanádeset tʃasá]

dentro de veinte minutos	след двадесет минути	[slet dvádeset minúti]
dentro de una hora	след един час	[slet edín tʃas]
a tiempo (adv)	навреме	[navréme]

… menos cuarto	без четвърт …	[bes tʃétvərt]
durante una hora	в течение на един час	[v tetʃénie na edín tʃas]
cada quince minutos	на всеки петнадесет минути	[na fséki petnádeset minúti]
día y noche	цяло денонощие	[tsʲálo denonóʃtie]

19. Los meses. Las estaciones

enero (m)	януари (м)	[januári]
febrero (m)	февруари (м)	[fevruári]
marzo (m)	март (м)	[mart]

abril (m)   април (м)   [apríl]
mayo (m)   май (м)   [maj]
junio (m)   юни (м)   [júni]

julio (m)   юли (м)   [júli]
agosto (m)   август (м)   [ávgust]
septiembre (m)   септември (м)   [septémvri]
octubre (m)   октомври (м)   [októmvri]
noviembre (m)   ноември (м)   [noémvri]
diciembre (m)   декември (м)   [dekémvri]

primavera (f)   пролет (ж)   [prólet]
en primavera   през пролетта   [prez prolettá]
de primavera (adj)   пролетен   [próleten]

verano (m)   лято (с)   [lʲáto]
en verano   през лятото   [prez lʲátoto]
de verano (adj)   летен   [léten]

otoño (m)   есен (ж)   [ésen]
en otoño   през есента   [prez esentá]
de otoño (adj)   есенен   [ésenen]

invierno (m)   зима (ж)   [zíma]
en invierno   през зимата   [prez zímata]
de invierno (adj)   зимен   [zímen]

mes (m)   месец (м)   [mésets]
este mes   през този месец   [pres tózi mésets]
al mes siguiente   през следващия месец   [prez slédvaʃtija mésets]
el mes pasado   през миналия месец   [prez mínalija mésets]

hace un mes   преди един месец   [predí edín mésets]
dentro de un mes   след един месец   [slet edín mésets]
dentro de dos meses   след два месеца   [slet dva mésetsa]
todo el mes   цял месец   [tsʲal mésets]
todo un mes   цял месец   [tsʲal mésets]

mensual (adj)   месечен   [mésetʃen]
mensualmente (adv)   месечно   [mésetʃno]
cada mes   всеки месец   [fséki mésets]
dos veces por mes   два пъти на месец   [dva péti na mésets]

año (m)   година (ж)   [godína]
este año   тази година   [tázi godína]
el próximo año   през следващата   [prez slédvaʃtata
                            година   godína]
el año pasado   през миналата година   [prez mínalata godína]

hace un año   преди една година   [predí edná godína]
dentro de un año   след една година   [slet edná godína]
dentro de dos años   след две години   [slet dve godíni]

| todo el año | цяла година | [tsʲála godína] |
| todo un año | цяла година | [tsʲála godína] |

cada año	всяка година	[fsʲáka godína]
anual (adj)	ежегоден	[eʒegóden]
anualmente (adv)	ежегодно	[eʒegódno]
cuatro veces por año	четири пъти годишно	[ʧétiri péti godíʃno]

fecha (f) (la ~ de hoy es ...)	число (c)	[ʧisló]
fecha (f) (~ de entrega)	дата (ж)	[dáta]
calendario (m)	календар (м)	[kalendár]

medio año (m)	половин година	[polovín godína]
seis meses	полугодие (c)	[polugódie]
estación (f)	сезон (м)	[sezón]
siglo (m)	век (м)	[vek]

T&P BOOKS

EL VIAJE. EL HOTEL

T&P Books Publishing

20. Las vacaciones. El viaje

turismo (m)	туризъм (м)	[turízəm]
turista (m)	турист (м)	[turíst]
viaje (m)	пътешествие (c)	[pəteʃéstvie]
aventura (f)	приключение (c)	[priklʲutʃénie]
viaje (m) (p.ej. ~ en coche)	пътуване (c)	[pətúvane]

vacaciones (f pl)	отпуска (ж)	[ótpuska]
estar de vacaciones	бъда в отпуска	[béda v ótpuska]
descanso (m)	почивка (ж)	[potʃífka]

tren (m)	влак (м)	[vlak]
en tren	с влак	[s vlak]
avión (m)	самолет (м)	[samolét]
en avión	със самолет	[səs samolét]
en coche	с кола	[s kolá]
en barco	с кораб	[s kórap]

equipaje (m)	багаж (м)	[bagáʃ]
maleta (f)	куфар (м)	[kúfar]
carrito (m) de equipaje	количка (ж) за багаж	[kolítʃka za bagáʃ]
pasaporte (m)	паспорт (м)	[paspórt]
visado (m)	виза (ж)	[víza]
billete (m)	билет (м)	[bilét]
billete (m) de avión	самолетен билет (м)	[samoléten bilét]

guía (f) (libro)	пътеводител (м)	[pətevodítel]
mapa (m)	карта (ж)	[kárta]
área (f) (~ rural)	местност (ж)	[méstnost]
lugar (m)	място (c)	[mʲásto]

exotismo (m)	екзотика (ж)	[ekzótika]
exótico (adj)	екзотичен	[ekzotítʃen]
asombroso (adj)	удивителен	[udivítelen]

grupo (m)	група (ж)	[grúpa]
excursión (f)	екскурзия (ж)	[ekskúrzija]
guía (m) (persona)	гид (м)	[git]

21. El hotel

hotel (m)	хотел (м)	[hotél]
motel (m)	мотел (м)	[motél]

de tres estrellas	три звезди	[tri zvezdí]
de cinco estrellas	пет звезди	[pet zvezdí]
hospedarse (vr)	отсядам	[otsʲádam]

habitación (f)	стая (ж) в хотел	[stája f hotél]
habitación (f) individual	единична стая (ж)	[edinítʃna stája]
habitación (f) doble	двойна стая (ж)	[dvójna stája]
reservar una habitación	резервирам стая	[rezervíram stája]

| media pensión (f) | полупансион (м) | [polupansión] |
| pensión (f) completa | пълен пансион (м) | [pǝ́len pansión] |

con baño	с баня	[s bánʲa]
con ducha	с душ	[s duʃ]
televisión (f) satélite	сателитна телевизия (ж)	[satelítna televízija]
climatizador (m)	климатик (м)	[klimatík]
toalla (f)	кърпа (ж)	[kǝ́rpa]
llave (f)	ключ (м)	[klʲutʃ]

administrador (m)	администратор (м)	[administrátor]
camarera (f)	камериерка (ж)	[kameriérka]
maletero (m)	носач (м)	[nosátʃ]
portero (m)	портиер (м)	[portiér]

restaurante (m)	ресторант (м)	[restoránt]
bar (m)	бар (м)	[bar]
desayuno (m)	закуска (ж)	[zakúska]
cena (f)	вечеря (ж)	[vetʃérʲa]
buffet (m) libre	шведска маса (ж)	[ʃvétska mása]

| vestíbulo (m) | вестибюл (м) | [vestibʲúl] |
| ascensor (m) | асансьор (м) | [asansʲór] |

| NO MOLESTAR | НЕ МЕ БЕЗПОКОЙТЕ! | [ne me bespokójte] |
| PROHIBIDO FUMAR | ПУШЕНЕТО ЗАБРАНЕНО! | [puʃenéto zabráneno] |

22. El turismo. La excursión

monumento (m)	паметник (м)	[pámetnik]
fortaleza (f)	крепост (ж)	[krépost]
palacio (m)	дворец (м)	[dvoréts]
castillo (m)	замък (м)	[zámǝk]
torre (f)	кула (ж)	[kúla]
mausoleo (m)	мавзолей (м)	[mavzoléj]

arquitectura (f)	архитектура (ж)	[arhitektúra]
medieval (adj)	средновековен	[srednovekóven]
antiguo (adj)	старинен	[starínen]
nacional (adj)	национален	[natsionálen]

conocido (adj)	известен	[izvésten]
turista (m)	турист (м)	[turíst]
guía (m) (persona)	гид (м)	[git]
excursión (f)	екскурзия (ж)	[ekskúrzija]
mostrar (vt)	показвам	[pokázvam]
contar (una historia)	разказвам	[raskázvam]

encontrar (hallar)	намеря	[namér'a]
perderse (vr)	загубя се	[zagúb'a se]
plano (m) (~ de metro)	схема (ж)	[shéma]
mapa (m) (~ de la ciudad)	план (м)	[plan]

recuerdo (m)	сувенир (м)	[suvenír]
tienda (f) de regalos	сувенирен магазин (м)	[suveníren magazín]
hacer fotos	снимам	[snímam]
fotografiarse (vr)	снимам се	[snímam se]

T&P BOOKS

EL TRANSPORTE

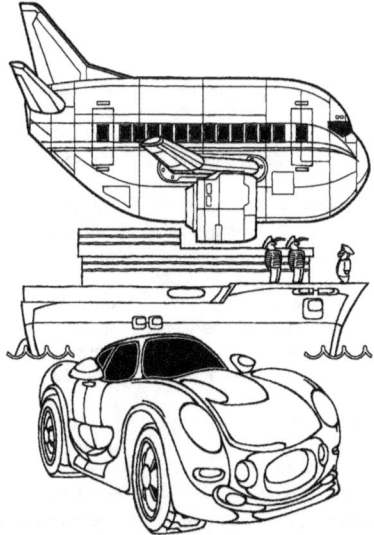

T&P Books Publishing

23. El aeropuerto

aeropuerto (m)	летище (c)	[letíʃte]
avión (m)	самолет (м)	[samolét]
compañía (f) aérea	авиокомпания (ж)	[aviokompánija]
controlador (m) aéreo	авиодиспечер (м)	[aviodispétʃer]
despegue (m)	излитане (c)	[izlítane]
llegada (f)	кацане (c)	[kátsane]
llegar (en avión)	кацна	[kátsna]
hora (f) de salida	време (c) на излитане	[vréme na izlítane]
hora (f) de llegada	време (c) на кацане	[vréme na kátsane]
retrasarse (vr)	закъснявам	[zakəsnʲávam]
retraso (m) de vuelo	закъснение (c) на излитане	[zakəsnénie na izlítane]
pantalla (f) de información	информационно табло (c)	[informatsiónno tabló]
información (f)	информация (ж)	[informátsija]
anunciar (vt)	обявявам	[obʲavʲávam]
vuelo (m)	рейс (м)	[rejs]
aduana (f)	митница (ж)	[mítnitsa]
aduanero (m)	митничар (м)	[mitnitʃár]
declaración (f) de aduana	декларация (ж)	[deklarátsija]
rellenar (vt)	попълня	[popélnʲa]
rellenar la declaración	попълня декларация	[popélnʲa deklarátsija]
control (m) de pasaportes	паспортен контрол (м)	[paspórten kontról]
equipaje (m)	багаж (м)	[bagáʃ]
equipaje (m) de mano	ръчен багаж (м)	[rétʃen bagáʃ]
carrito (m) de equipaje	количка (ж)	[kolítʃka]
aterrizaje (m)	кацане (c)	[kátsane]
pista (f) de aterrizaje	писта (ж) за кацане	[písta za kátsane]
aterrizar (vi)	кацам	[kátsam]
escaleras (f pl) (de avión)	стълба (ж)	[stélba]
facturación (f) (check-in)	регистрация (ж)	[registrátsija]
mostrador (m) de facturación	гише (c) за регистрация	[giʃé za registrátsija]
hacer el check-in	регистрирам се	[registríram se]
tarjeta (f) de embarque	бордна карта (ж)	[bórdna kárta]

puerta (f) de embarque	излизане (c)	[izlízane]
tránsito (m)	транзит (м)	[tranzít]
esperar (aguardar)	чакам	[ʧákam]
zona (f) de preembarque	чакалня (ж)	[ʧakálnʲa]
despedir (vt)	изпращам	[ispráʃtam]
despedirse (vr)	сбогувам се	[sbogúvam se]

24. El avión

avión (m)	самолет (м)	[samolét]
billete (m) de avión	самолетен билет (м)	[samoléten bilét]
compañía (f) aérea	авиокомпания (ж)	[aviokompánija]
aeropuerto (m)	летище (c)	[letíʃte]
supersónico (adj)	свръхзвуков	[svrəh·zvúkov]

comandante (m)	командир (м) на самолет	[komandír na samolét]
tripulación (f)	екипаж (м)	[ekipáʒ]
piloto (m)	пилот (м)	[pilót]
azafata (f)	стюардеса (ж)	[stʲuardésa]
navegador (m)	щурман (м)	[ʃtúrman]

alas (f pl)	крила (мн)	[krilá]
cola (f)	опашка (ж)	[opáʃka]
cabina (f)	кабина (ж)	[kabína]
motor (m)	двигател (м)	[dvigátel]
tren (m) de aterrizaje	шаси (мн)	[ʃasí]
turbina (f)	турбина (ж)	[turbína]

hélice (f)	перка (ж)	[pérka]
caja (f) negra	черна кутия (ж)	[ʧérna kutíja]
timón (m)	кормило (c)	[kormílo]
combustible (m)	гориво (c)	[gorívo]

instructivo (m) de seguridad	инструкция (ж)	[instrúktsija]
respirador (m) de oxígeno	кислородна маска (ж)	[kisloródna máska]
uniforme (m)	униформа (ж)	[unifórma]
chaleco (m) salvavidas	спасителна жилетка (ж)	[spasítelna ʒilétka]
paracaídas (m)	парашут (м)	[paraʃút]

despegue (m)	излитане (c)	[izlítane]
despegar (vi)	излитам	[izlítam]
pista (f) de despegue	писта (ж) за излитане	[písta za izlítane]

visibilidad (f)	видимост (ж)	[vídimost]
vuelo (m)	полет (м)	[pólet]
altura (f)	височина (ж)	[visoʧiná]
pozo (m) de aire	въздушна яма (ж)	[vəzdúʃna jáma]
asiento (m)	място (c)	[mʲásto]
auriculares (m pl)	слушалки (ж мн)	[sluʃálki]

mesita (f) plegable	прибираща	[pribíraʃta
	се масичка (ж)	se másitʃka]
ventana (f)	илюминатор (м)	[ilʲuminátor]
pasillo (m)	проход (м)	[próhot]

25. El tren

tren (m)	влак (м)	[vlak]
tren (m) de cercanías	електрически влак (м)	[elektrítʃeski vlak]
tren (m) rápido	бърз влак (м)	[bérz vlak]
locomotora (f) diésel	дизелов локомотив (м)	[dízelof lokomotíf]
tren (m) de vapor	парен локомотив (м)	[páren lokomotíf]
coche (m)	вагон (м)	[vagón]
coche (m) restaurante	вагон-ресторант (м)	[vagón-restoránt]
rieles (m pl)	релси (ж мн)	[rélsi]
ferrocarril (m)	железница (ж)	[ʒeléznitsa]
traviesa (f)	траверса (ж)	[travérsa]
plataforma (f)	платформа (ж)	[platfórma]
vía (f)	коловоз (м)	[kolovós]
semáforo (m)	семафор (м)	[semafór]
estación (f)	гара (ж)	[gára]
maquinista (m)	машинист (м)	[maʃiníst]
maletero (m)	носач (м)	[nosátʃ]
mozo (m) del vagón	стюард (м)	[stʲuárt]
pasajero (m)	пътник (м)	[pétnik]
revisor (m)	контрольор (м)	[kontrolʲór]
corredor (m)	коридор (м)	[koridór]
freno (m) de urgencia	аварийна спирачка (ж)	[avaríjna spirátʃka]
compartimiento (m)	купе (с)	[kupé]
litera (f)	легло (с)	[legló]
litera (f) de arriba	горно легло (с)	[górno legló]
litera (f) de abajo	долно легло (с)	[dólno legló]
ropa (f) de cama	спално бельо (с)	[spálno belʲó]
billete (m)	билет (м)	[bilét]
horario (m)	разписание (с)	[raspisánie]
pantalla (f) de información	табло (с)	[tabló]
partir (vi)	заминавам	[zaminávam]
partida (f) (del tren)	заминаване (с)	[zaminávane]
llegar (tren)	пристигам	[pristígam]
llegada (f)	пристигане (с)	[pristígane]
llegar en tren	пристигна с влак	[pristígna s vlak]
tomar el tren	качвам се във влак	[kátʃvam se vəf vlak]

bajar del tren	слизам от влак	[slízam ot vlak]
descarrilamiento (m)	катастрофа (ж)	[katastrófa]
descarrilarse (vr)	дерайлирам	[derajlíram]
tren (m) de vapor	парен локомотив (м)	[páren lokomotíf]
fogonero (m)	огняр (м)	[ognʲár]
hogar (m)	пещ (м) на локомотив	[peʃt na lokomotíf]
carbón (m)	въглища (ж)	[végliʃta]

26. El barco

| barco, buque (m) | кораб (м) | [kórap] |
| navío (m) | плавателен съд (м) | [plavátelen sət] |

buque (m) de vapor	параход (м)	[parahót]
motonave (f)	моторен кораб (м)	[motóren kórap]
trasatlántico (m)	рейсов кораб (м)	[réjsov kórap]
crucero (m)	крайцер (м)	[krájtser]

yate (m)	яхта (ж)	[jáhta]
remolcador (m)	влекач (м)	[vlekátʃ]
barcaza (f)	шлеп (м)	[ʃlep]
ferry (m)	сал (м)	[sal]

| velero (m) | платноходка (ж) | [platnohótka] |
| bergantín (m) | бригантина (ж) | [brigantína] |

| rompehielos (m) | ледоразбивач (м) | [ledo·razbivátʃ] |
| submarino (m) | подводница (ж) | [podvódnitsa] |

bote (m) de remo	лодка (ж)	[lótka]
bote (m)	лодка (ж)	[lótka]
bote (m) salvavidas	спасителна лодка (ж)	[spasítelna lótka]
lancha (f) motora	катер (м)	[káter]

capitán (m)	капитан (м)	[kapitán]
marinero (m)	матрос (м)	[matrós]
marino (m)	моряк (м)	[morʲák]
tripulación (f)	екипаж (м)	[ekipáʒ]

contramaestre (m)	боцман (м)	[bótsman]
grumete (m)	юнга (м)	[júnga]
cocinero (m) de abordo	корабен готвач (м)	[kóraben gotvátʃ]
médico (m) del buque	корабен лекар (м)	[kóraben lékar]

cubierta (f)	палуба (ж)	[páluba]
mástil (m)	мачта (ж)	[mátʃta]
vela (f)	корабно платно (с)	[kórabno platnó]

| bodega (f) | трюм (м) | [trʲum] |
| proa (f) | нос (м) | [nos] |

popa (f)	кърма (ж)	[kərmá]
remo (m)	гребло (с)	[grebló]
hélice (f)	витло (с)	[vitló]

camarote (m)	каюта (ж)	[kajúta]
sala (f) de oficiales	каюткомпания (ж)	[kajut kompánija]
sala (f) de máquinas	машинно отделение (с)	[maʃínno otdelénie]
puente (m) de mando	капитански мостик (м)	[kapitánski móstik]
sala (f) de radio	радиобудка (ж)	[rádiobútka]
onda (f)	вълна (ж)	[vəlná]
cuaderno (m) de bitácora	корабен дневник (м)	[kóraben dnévnik]

anteojo (m)	далекоглед (м)	[dalekoglét]
campana (f)	камбана (ж)	[kambána]
bandera (f)	знаме (с)	[známe]

| cabo (m) (maroma) | дебело въже (с) | [debélo vəʒé] |
| nudo (m) | възел (м) | [vézel] |

| pasamano (m) | дръжка (ж) | [dréʃka] |
| pasarela (f) | трап (м) | [trap] |

ancla (f)	котва (ж)	[kótva]
levar ancla	вдигна котва	[vdígna kótva]
echar ancla	хвърля котва	[hvərlʲa kótva]
cadena (f) del ancla	котвена верига (ж)	[kótvena veríga]

puerto (m)	пристанище (с)	[pristániʃte]
embarcadero (m)	кей (м)	[kej]
amarrar (vt)	акостирам	[akostíram]
desamarrar (vt)	отплувам	[otplúvam]

viaje (m)	пътешествие (с)	[pəteʃéstvie]
crucero (m) (viaje)	морско пътешествие (с)	[mórsko pəteʃéstvie]
derrota (f) (rumbo)	курс (м)	[kurs]
itinerario (m)	маршрут (м)	[marʃrút]

canal (m) navegable	фарватер (м)	[farváter]
bajío (m)	плитчина (ж)	[plittʃiná]
encallar (vi)	заседна на плитчина	[zasédna na plittʃiná]

tempestad (f)	буря (ж)	[búrʲa]
señal (f)	сигнал (м)	[signál]
hundirse (vr)	потъвам	[potévam]
SOS	SOS	[sos]
aro (m) salvavidas	спасителен пояс (м)	[spasítilen pójas]

LA CIUDAD

autobús (m)	автобус (м)	[aftobús]
tranvía (m)	трамвай (м)	[tramváj]
trolebús (m)	тролей (м)	[troléj]
itinerario (m)	маршрут (м)	[marʃrút]
número (m)	номер (м)	[nómer]
ir en ...	пътувам с ...	[pətúvam s]
tomar (~ el autobús)	качвам се в ...	[kátʃvam se v]
bajar (~ del tren)	слиза от ...	[slʲáza ot]
parada (f)	спирка (ж)	[spírka]
próxima parada (f)	следваща спирка (ж)	[slédvaʃta spírka]
parada (f) final	последна спирка (ж)	[poslédna spírka]
horario (m)	разписание (с)	[raspisánie]
esperar (aguardar)	чакам	[ʧákam]
billete (m)	билет (м)	[bilét]
precio (m) del billete	цена (ж) на билета	[tsená na biléta]
cajero (m)	касиер (м)	[kasiér]
control (m) de billetes	контрола (ж)	[kontróla]
revisor (m)	контрольор (м)	[kontrolʲór]
llegar tarde (vi)	закъснявам	[zakəsnʲávam]
perder (~ el tren)	закъснея за ...	[zakəsnéja za]
tener prisa	бързам	[bə́rzam]
taxi (m)	такси (с)	[taksí]
taxista (m)	таксиметров шофьор (м)	[taksimétrof ʃofʲór]
en taxi	с такси	[s taksí]
parada (f) de taxi	пиаца (ж) на такси	[piátsa na taksí]
llamar un taxi	извикам такси	[izvíkam taksí]
tomar un taxi	взема такси	[vzéma taksí]
tráfico (m)	улично движение (с)	[úliʧno dviʒénie]
atasco (m)	задръстване (с)	[zadréstvane]
horas (f pl) de punta	час пик (м)	[ʧas pík]
aparcar (vi)	паркирам се	[parkíram se]
aparcar (vt)	паркирам	[párkiram]
aparcamiento (m)	паркинг (м)	[párking]
metro (m)	метро (с)	[metró]
estación (f)	станция (ж)	[stántsija]

ir en el metro	пътувам с метро	[pətúvam s metró]
tren (m)	влак (м)	[vlak]
estación (f)	гара (ж)	[gára]

28. La ciudad. La vida en la ciudad

ciudad (f)	град (м)	[grat]
capital (f)	столица (ж)	[stólitsa]
aldea (f)	село (c)	[sélo]

plano (m) de la ciudad	план (м) на града	[plan na gradá]
centro (m) de la ciudad	център (м) на града	[tséntər na gradá]
suburbio (m)	предградие (c)	[predgrádie]
suburbano (adj)	крайградски	[krajgrátski]

arrabal (m)	покрайнина (ж)	[pokrajniná]
afueras (f pl)	околности (мн)	[okólnosti]
barrio (m)	квартал (м)	[kvartál]
zona (f) de viviendas	жилищен квартал (м)	[ʒíliʃten kvartál]

tráfico (m)	движение (c)	[dviʒénie]
semáforo (m)	светофар (м)	[svetofár]
transporte (m) urbano	градски транспорт (м)	[grátski transpórt]
cruce (m)	кръстовище (c)	[krəstóviʃte]

paso (m) de peatones	зебра (ж)	[zébra]
paso (m) subterráneo	подлез (м)	[pódlez]
cruzar (vt)	пресичам	[presíʧam]
peatón (m)	пешеходец (м)	[peʃehódets]
acera (f)	тротоар (м)	[trotoár]

puente (m)	мост (м)	[most]
muelle (m)	кей (м)	[kej]
fuente (f)	фонтан (м)	[fontán]

alameda (f)	алея (ж)	[aléja]
parque (m)	парк (м)	[park]
bulevar (m)	булевард (м)	[bulevárt]
plaza (f)	площад (м)	[ploʃtát]
avenida (f)	авеню (c)	[avenʲú]
calle (f)	улица (ж)	[úlitsa]
callejón (m)	пресечка (ж)	[presétʃka]
callejón (m) sin salida	задънена улица (ж)	[zadénena úlitsa]

casa (f)	къща (ж)	[kéʃta]
edificio (m)	сграда (ж)	[zgráda]
rascacielos (m)	небостъргач (м)	[nebostərgátʃ]

| fachada (f) | фасада (ж) | [fasáda] |
| techo (m) | покрив (м) | [pókriv] |

ventana (f)	прозорец (м)	[prozórets]
arco (m)	арка (ж)	[árka]
columna (f)	колона (ж)	[kolóna]
esquina (f)	ъгъл (м)	[ə́gəl]
escaparate (f)	витрина (ж)	[vitrína]
letrero (m) (~ luminoso)	табела (ж)	[tabéla]
cartel (m)	афиш (м)	[afíʃ]
cartel (m) publicitario	постер (м)	[póster]
valla (f) publicitaria	билборд (м)	[bilbórt]
basura (f)	боклук (м)	[boklúk]
cajón (m) de basura	кошче (с)	[kóʃʧe]
tirar basura	правя боклук	[práv'a boklúk]
basurero (m)	сметище (с)	[smétiʃte]
cabina (f) telefónica	телефонна будка (ж)	[telefónna bútka]
farola (f)	стълб (м) с фенер	[stəlp s fenér]
banco (m) (del parque)	пейка (ж)	[péjka]
policía (m)	полицай (м)	[politsáj]
policía (f) (~ nacional)	полиция (ж)	[polítsija]
mendigo (m)	сиромах (м)	[siromáh]
persona (f) sin hogar	бездомник (м)	[bezdómnik]

29. Las instituciones urbanas

tienda (f)	магазин (м)	[magazín]
farmacia (f)	аптека (ж)	[aptéka]
óptica (f)	оптика (ж)	[óptika]
centro (m) comercial	търговски център (м)	[tərgófski tséntər]
supermercado (m)	супермаркет (м)	[supermárket]
panadería (f)	хлебарница (ж)	[hlebárnitsa]
panadero (m)	фурнаджия (ж)	[furnadʒíja]
pastelería (f)	сладкарница (ж)	[slatkárnitsa]
tienda (f) de comestibles	бакалия (ж)	[bakalíja]
carnicería (f)	месарница (ж)	[mesárnitsa]
verdulería (f)	магазин (м) за плодове и зеленчуци	[magazín za plodové i zelenʧútsi]
mercado (m)	пазар (м)	[pazár]
cafetería (f)	кафене (с)	[kafené]
restaurante (m)	ресторант (м)	[restoránt]
cervecería (f)	бирария (ж)	[birárija]
pizzería (f)	пицария (ж)	[pitsaríja]
peluquería (f)	фризьорски салон (м)	[friz'órski salón]
oficina (f) de correos	поща (ж)	[póʃta]

| tintorería (f) | химическо чистене (c) | [himítʃesko tʃístene] |
| estudio (m) fotográfico | фотостудио (c) | [fotostúdio] |

zapatería (f)	магазин (м) за обувки	[magazín za obúfki]
librería (f)	книжарница (ж)	[kniʒárnitsa]
tienda (f) deportiva	магазин (м) за спортни стоки	[magazín za spórtni stóki]

arreglos (m pl) de ropa	поправка (ж) на дрехи	[popráfka na dréhi]
alquiler (m) de ropa	дрехи (ж мн) под наем	[dréhi pot náem]
videoclub (m)	филми (м мн) под наем	[fílmi pot náem]

circo (m)	цирк (м)	[tsirk]
zoológico (m)	зоологическа градина (ж)	[zoologítʃeska gradína]
cine (m)	кино (c)	[kíno]
museo (m)	музей (м)	[muzéj]
biblioteca (f)	библиотека (ж)	[bibliotéka]

teatro (m)	театър (м)	[teátər]
ópera (f)	опера (ж)	[ópera]
club (m) nocturno	нощен клуб (м)	[nóʃten klup]
casino (m)	казино (c)	[kazíno]

mezquita (f)	джамия (ж)	[dʒamíja]
sinagoga (f)	синагога (ж)	[sinagóga]
catedral (f)	катедрала (ж)	[katedrála]
templo (m)	храм (м)	[hram]
iglesia (f)	църква (ж)	[tsérkva]

instituto (m)	институт (м)	[institút]
universidad (f)	университет (м)	[universitét]
escuela (f)	училище (c)	[utʃíliʃte]

| prefectura (f) | префектура (ж) | [prefektúra] |
| alcaldía (f) | кметство (c) | [kmétstvo] |

| hotel (m) | хотел (м) | [hotél] |
| banco (m) | банка (ж) | [bánka] |

| embajada (f) | посолство (c) | [posólstvo] |
| agencia (f) de viajes | туристическа агенция (ж) | [turistítʃeska agéntsija] |

| oficina (f) de información | справки (м мн) | [spráfki] |
| oficina (f) de cambio | обменно бюро (c) | [obménno bʲúro] |

| metro (m) | метро (c) | [metró] |
| hospital (m) | болница (ж) | [bólnitsa] |

| gasolinera (f) | бензиностанция (ж) | [benzino·stántsija] |
| aparcamiento (m) | паркинг (м) | [párking] |

30. Los avisos

letrero (m) (~ luminoso)	табела (ж)	[tabéla]
cartel (m) (texto escrito)	надпис (м)	[nádpis]
pancarta (f)	постер (м)	[póster]
señal (m) de dirección	указател (м)	[ukazátel]
flecha (f) (signo)	стрелка (ж)	[strelká]
advertencia (f)	предпазване (c)	[predpázvane]
aviso (m)	предупреждение (c)	[predupreʒdénie]
advertir (vt)	предупредя	[predupredʲá]
día (m) de descanso	почивен ден (м)	[potʃíven dén]
horario (m)	разписание (c)	[raspisánie]
horario (m) de apertura	работно време (c)	[rabótno vréme]
¡BIENVENIDOS!	ДОБРЕ ДОШЛИ!	[dobré doʃlí]
ENTRADA	ВХОД	[vhot]
SALIDA	ИЗХОД	[íshot]
EMPUJAR	БУТНИ	[butní]
TIRAR	ДРЪПНИ	[drəpní]
ABIERTO	ОТВОРЕНО	[otvóreno]
CERRADO	ЗАТВОРЕНО	[zatvóreno]
MUJERES	ЖЕНИ	[ʒení]
HOMBRES	МЪЖЕ	[məʒé]
REBAJAS	НАМАЛЕНИЕ	[namalénie]
SALDOS	РАЗПРОДАЖБА	[rasprodáʒba]
NOVEDAD	НОВА СТОКА	[nóva stóka]
GRATIS	БЕЗПЛАТНО	[besplátno]
¡ATENCIÓN!	ВНИМАНИЕ!	[vnimánie]
COMPLETO	НЯМА СВОБОДНИ МЕСТА	[nʲáma svobódni mestá]
RESERVADO	РЕЗЕРВИРАНО	[rezervírano]
ADMINISTRACIÓN	АДМИНИСТРАЦИЯ	[administrátsija]
SÓLO PERSONAL AUTORIZADO	ЗАБРАНЕНО ЗА ВЪНШНИ ЛИЦА	[zabráneno za venʃni lítsa]
CUIDADO CON EL PERRO	ЗЛО КУЧЕ	[zlo kútʃe]
PROHIBIDO FUMAR	ПУШЕНЕТО ЗАБРАНЕНО!	[puʃenéto zabráneno]
NO TOCAR	НЕ ПИПАЙ!	[ne pípaj]
PELIGROSO	ОПАСНО	[opásno]
PELIGRO	ОПАСНОСТ	[opásnost]
ALTA TENSIÓN	ВИСОКО НАПРЕЖЕНИЕ	[visóko napreʒénie]

PROHIBIDO BAÑARSE	КЪПАНЕТО ЗАБРАНЕНО	[képaneto zabranéno]
NO FUNCIONA	НЕ РАБОТИ	[ne rabóti]

INFLAMABLE	ОГНЕОПАСНО	[ogneopásno]
PROHIBIDO	ЗАБРАНЕНО	[zabranéno]
PROHIBIDO EL PASO	МИНАВАНЕТО ЗАБРАНЕНО	[minávaneto zabranéno]
RECIÉN PINTADO	ПАЗИ СЕ ОТ БОЯТА	[pazi se ot bojáta]

31. Las compras

comprar (vt)	купувам	[kupúvam]
compra (f)	покупка (ж)	[pokúpka]
hacer compras	пазарувам	[pazarúvam]
compras (f pl)	пазаруване (с)	[pazarúvane]

estar abierto (tienda)	работя	[rabótʲa]
estar cerrado	затваря се	[zatvárʲa se]

calzado (m)	обувки (ж мн)	[obúfki]
ropa (f)	облекло (с)	[obleklό]
cosméticos (m pl)	козметика (ж)	[kozmétika]
productos alimenticios	продукти (м мн)	[prodúkti]
regalo (m)	подарък (м)	[podárək]

vendedor (m)	продавач (м)	[prodaváʧ]
vendedora (f)	продавачка (ж)	[prodaváʧka]

caja (f)	каса (ж)	[kása]
espejo (m)	огледало (с)	[ogledálo]
mostrador (m)	щанд (м)	[ʃtant]
probador (m)	пробна (ж)	[próbna]

probar (un vestido)	пробвам	[próbvam]
quedar (una ropa, etc.)	подхождам	[podhόʒdam]
gustar (vi)	харесвам	[harésvam]

precio (m)	цена (ж)	[tsená]
etiqueta (f) de precio	етикет (м)	[etikét]
costar (vt)	струвам	[strúvam]
¿Cuánto?	Колко?	[kólko]
descuento (m)	намаление (с)	[namalénie]

no costoso (adj)	нескъп	[neskép]
barato (adj)	евтин	[éftin]
caro (adj)	скъп	[skəp]
Es caro	Това е скъпо	[tová e sképo]
alquiler (m)	под наем (м)	[pot náem]
alquilar (vt)	взимам под наем	[vzímam pot náem]

| crédito (m) | кредит (м) | [krédit] |
| a crédito (adv) | на кредит | [na krédit] |

T&P
BOOKS

LA ROPA Y
LOS ACCESORIOS

T&P Books Publishing

32. La ropa exterior. Los abrigos

ropa (f)	облекло (с)	[obleklό]
ropa (f) de calle	горни дрехи (ж мн)	[górni dréhi]
ropa (f) de invierno	зимни дрехи (ж мн)	[zímni dréhi]
abrigo (m)	палто (с)	[paltó]
abrigo (m) de piel	кожено палто (с)	[kóʒeno paltó]
abrigo (m) corto de piel	полушубка (ж)	[poluʃúpka]
chaqueta (f) plumón	пухено яке (с)	[púheno jáke]
cazadora (f)	яке (с)	[jáke]
impermeable (m)	шлифер (м)	[ʃlífer]
impermeable (adj)	непромокаем	[nepromokáem]

33. Ropa de hombre y mujer

camisa (f)	риза (ж)	[ríza]
pantalones (m pl)	панталон (м)	[pantalón]
jeans, vaqueros (m pl)	дънки, джинси (мн)	[dénki], [dʒínsi]
chaqueta (f), saco (m)	сако (с)	[sakó]
traje (m)	костюм (м)	[kostʲúm]
vestido (m)	рокля (ж)	[róklʲa]
falda (f)	пола (ж)	[polá]
blusa (f)	блуза (ж)	[blúza]
rebeca (f), chaqueta (f) de punto	жилетка (ж)	[ʒilétka]
chaqueta (f)	сако (с)	[sakó]
camiseta (f) (T-shirt)	тениска (ж)	[téniska]
pantalones (m pl) cortos	къси панталони (м мн)	[kési pantalóni]
traje (m) deportivo	анцуг (м)	[ántsuk]
bata (f) de baño	хавлиен халат (м)	[havlíen halát]
pijama (m)	пижама (ж)	[piʒáma]
suéter (m)	пуловер (м)	[pulóver]
pulóver (m)	пуловер (м)	[pulóver]
chaleco (m)	елек (м)	[elék]
frac (m)	фрак (м)	[frak]
esmoquin (m)	смокинг (м)	[smóking]
uniforme (m)	униформа (ж)	[unifórma]
ropa (f) de trabajo	работно облекло (с)	[rabótno obleklό]

| mono (m) | гащеризон (м) | [gaʃterizón] |
| bata (f) (p. ej. ~ blanca) | бяла престилка (ж) | [bʲála prestílka] |

34. La ropa. La ropa interior

ropa (f) interior	бельо (c)	[belʲó]
bóxer (m)	боксер (м)	[boksér]
bragas (f pl)	прашка (ж)	[práʃka]
camiseta (f) interior	потник (м)	[pótnik]
calcetines (m pl)	чорапи (м мн)	[ʧorápi]

camisón (m)	нощница (ж)	[nóʃtnitsa]
sostén (m)	сутиен (м)	[sutién]
calcetines (m pl) altos	чорапи три четвърт (м мн)	[ʧorápi tri ʧétvərt]
pantimedias (f pl)	чорапогащник (м)	[ʧorapogáʃtnik]
medias (f pl)	чорапи (м мн)	[ʧorápi]
traje (m) de baño	бански костюм (м)	[bánski kostʲúm]

35. Gorras

gorro (m)	шапка (ж)	[ʃápka]
sombrero (m) de fieltro	шапка (ж)	[ʃápka]
gorra (f) de béisbol	шапка (ж) с козирка	[ʃápka s kozirká]
gorra (f) plana	каскет (м)	[kaskét]

boina (f)	барета (ж)	[baréta]
capuchón (m)	качулка (ж)	[kaʧúlka]
panamá (m)	панама (ж)	[panáma]
gorro (m) de punto	плетена шапка (ж)	[plétena ʃápka]

| pañuelo (m) | кърпа (ж) | [kərpa] |
| sombrero (m) de mujer | шапка (ж) | [ʃápka] |

casco (m) (~ protector)	каска (ж)	[káska]
gorro (m) de campaña	пилотка (ж)	[pilótka]
casco (m) (~ de moto)	шлем (м)	[ʃlem]
bombín (m)	бомбе (c)	[bombé]
sombrero (m) de copa	цилиндър (м)	[tsilíndər]

36. El calzado

calzado (m)	обувки (ж мн)	[obúfki]
botas (f pl)	ботинки (мн)	[botínki]
zapatos (m pl) (~ de tacón bajo)	обувки (ж мн)	[obúfki]

botas (f pl) altas	ботуши (м мн)	[botúʃi]
zapatillas (f pl)	чехли (м мн)	[tʃéhli]
tenis (m pl)	маратонки (ж мн)	[maratónki]
zapatillas (f pl) de lona	кецове (м мн)	[kétsove]
sandalias (f pl)	сандали (мн)	[sandáli]
zapatero (m)	обущар (м)	[obuʃtár]
tacón (m)	ток (м)	[tok]
par (m)	чифт (м)	[tʃift]
cordón (m)	връзка (ж)	[vréska]
encordonar (vt)	връзвам	[vrézvam]
calzador (m)	обувалка (ж)	[obuválka]
betún (m)	крем (м) за обувки	[krem za obúfki]

37. Accesorios personales

guantes (m pl)	ръкавици (ж мн)	[rəkavítsi]
manoplas (f pl)	ръкавици (ж мн) с един пръст	[rəkavítsi s edín pərst]
bufanda (f)	шал (м)	[ʃal]
gafas (f pl)	очила (мн)	[otʃilá]
montura (f)	рамка (ж) за очила	[rámka za otʃilá]
paraguas (m)	чадър (м)	[tʃadér]
bastón (m)	бастун (м)	[bastún]
cepillo (m) de pelo	четка (ж) за коса	[tʃétka za kosá]
abanico (m)	ветрило (с)	[vetrílo]
corbata (f)	вратовръзка (ж)	[vratovrézka]
pajarita (f)	папийонка (ж)	[papijónka]
tirantes (m pl)	тиранти (мн)	[tiránti]
moquero (m)	носна кърпичка (ж)	[nósna kérpitʃka]
peine (m)	гребен (м)	[grében]
pasador (m) de pelo	шнола (ж)	[ʃnóla]
horquilla (f)	фиба (ж)	[fíba]
hebilla (f)	катарама (ж)	[kataráma]
cinturón (m)	колан (м)	[kolán]
correa (f) (de bolso)	ремък (м)	[rémək]
bolsa (f)	чанта (ж)	[tʃánta]
bolso (m)	чантичка (ж)	[tʃántitʃka]
mochila (f)	раница (ж)	[ránitsa]

38. La ropa. Miscelánea

moda (f)	мода (ж)	[móda]
de moda (adj)	модерен	[modéren]
diseñador (m) de moda	моделиер (м)	[modeliér]

cuello (m)	яка (ж)	[jaká]
bolsillo (m)	джоб (м)	[dʒop]
de bolsillo (adj)	джобен	[dʒóben]
manga (f)	ръкав (м)	[rəkáv]
presilla (f)	закачалка (ж)	[zakatʃálka]
bragueta (f)	копчелък (м)	[koptʃelék]

cremallera (f)	цип (м)	[tsip]
cierre (m)	закопчалка (ж)	[zakoptʃálka]
botón (m)	копче (с)	[kóptʃe]
ojal (m)	илик (м)	[ilík]
saltar (un botón)	откъсна се	[otkésna se]

coser (vi, vt)	шия	[ʃíja]
bordar (vt)	бродирам	[brodíram]
bordado (m)	бродерия (ж)	[brodérija]
aguja (f)	игла (ж)	[iglá]
hilo (m)	конец (м)	[konéts]
costura (f)	тегел (м)	[tegél]

ensuciarse (vr)	изцапам се	[istsápam se]
mancha (f)	петно (с)	[petnó]
arrugarse (vr)	смачкам се	[smátʃkam se]
rasgar (vt)	скъсам	[skésam]
polilla (f)	молец (м)	[moléts]

39. Productos personales. Cosméticos

pasta (f) de dientes	паста (ж) за зъби	[pásta za zébi]
cepillo (m) de dientes	четка (ж) за зъби	[tʃétka za zébi]
limpiarse los dientes	мия си зъбите	[míja si zébite]

maquinilla (f) de afeitar	бръснач (м)	[brəsnátʃ]
crema (f) de afeitar	крем (м) за бръснене	[krem za brésnene]
afeitarse (vr)	бръсна се	[brésna se]

jabón (m)	сапун (м)	[sapún]
champú (m)	шампоан (м)	[ʃampoán]

tijeras (f pl)	ножица (ж)	[nóʒitsa]
lima (f) de uñas	пиличка (ж) за нокти	[pílitʃka za nókti]
cortaúñas (m pl)	ножичка (ж) за нокти	[nóʒitʃka za nókti]
pinzas (f pl)	пинсета (ж)	[pinséta]

cosméticos (m pl)	козметика (ж)	[kozmétika]
mascarilla (f)	маска (ж)	[máska]
manicura (f)	маникюр (м)	[manikʲúr]
hacer la manicura	правя маникюр	[právʲa manikʲúr]
pedicura (f)	педикюр (м)	[pedikʲúr]

bolsa (f) de maquillaje	козметична чантичка (ж)	[kozmetítʃna tʃántitʃka]
polvos (m pl)	пудра (ж)	[púdra]
polvera (f)	пудриера (ж)	[pudriéra]
colorete (m), rubor (m)	руж (ж)	[ruʃ]

perfume (m)	парфюм (м)	[parfʲúm]
agua (f) de tocador	тоалетна вода (ж)	[toalétna vodá]
loción (f)	лосион (м)	[losión]
agua (f) de Colonia	одеколон (м)	[odekolón]

sombra (f) de ojos	сенки (ж мн) за очи	[sénki za otʃí]
lápiz (m) de ojos	молив (м) за очи	[móliv za otʃí]
rímel (m)	спирала (ж)	[spirála]

pintalabios (m)	червило (с)	[tʃervílo]
esmalte (m) de uñas	лак (м) за нокти	[lak za nókti]
fijador (m) para el pelo	лак (м) за коса	[lak za kosá]
desodorante (m)	дезодорант (м)	[dezodoránt]

crema (f)	крем (м)	[krem]
crema (f) de belleza	крем (м) за лице	[krem za litsé]
crema (f) de manos	крем (м) за ръце	[krem za rətsé]
crema (f) antiarrugas	крем (м) срещу бръчки	[krem sreʃtú brétʃki]
crema (f) de día	дневен крем (м)	[dnéven krem]
crema (f) de noche	нощен крем (м)	[nóʃten krem]
de día (adj)	дневен	[dnéven]
de noche (adj)	нощен	[nóʃten]

tampón (m)	тампон (м)	[tampón]
papel (m) higiénico	тоалетна хартия (ж)	[toalétna hartíja]
secador (m) de pelo	сешоар (м)	[seʃoár]

40. Los relojes

reloj (m)	часовник (м)	[tʃasóvnik]
esfera (f)	циферблат (м)	[tsiferblát]
aguja (f)	стрелка (ж)	[strelká]
pulsera (f)	гривна (ж)	[grívna]
correa (f) (del reloj)	каишка (ж)	[kaíʃka]

pila (f)	батерия (ж)	[batérija]
descargarse (vr)	батерията се изтощи	[batérijata se istoʃtí]
cambiar la pila	сменям батерия	[sménʲam batérija]
adelantarse (vr)	избързвам	[izbérzvam]

retrasarse (vr)	изоставам	[izostávam]
reloj (m) de pared	стенен часовник (м)	[sténen tʃasóvnik]
reloj (m) de arena	пясъчен часовник (м)	[pʲásətʃen tʃasóvnik]
reloj (m) de sol	слънчев часовник (м)	[sléntʃev tʃasóvnik]
despertador (m)	будилник (м)	[budílnik]
relojero (m)	часовникар (м)	[tʃasovnikár]
reparar (vt)	поправям	[poprávʲam]

BOOKS

LA EXPERIENCIA DIARIA

T&P Books Publishing

dinero (m)	**пари** (мн)	[parí]
cambio (m)	**обмяна** (ж)	[obmʲána]
curso (m)	**курс** (м)	[kurs]
cajero (m) automático	**банкомат** (м)	[bankomát]
moneda (f)	**монета** (ж)	[monéta]

dólar (m)	**долар** (м)	[dólar]
euro (m)	**евро** (с)	[évro]

lira (f)	**лира** (ж)	[líra]
marco (m) alemán	**марка** (ж)	[márka]
franco (m)	**франк** (м)	[frank]
libra esterlina (f)	**британска лира** (ж)	[británska líra]
yen (m)	**йена** (ж)	[jéna]

deuda (f)	**дълг** (м)	[dəlk]
deudor (m)	**длъжник** (м)	[dləʒník]
prestar (vt)	**давам на заем**	[dávam na záem]
tomar prestado	**взема на заем**	[vzéma na záem]

banco (m)	**банка** (ж)	[bánka]
cuenta (f)	**сметка** (ж)	[smétka]
ingresar (~ en la cuenta)	**депозирам**	[depozíram]
ingresar en la cuenta	**внеса в сметка**	[vnésa v smétka]
sacar de la cuenta	**тегля от сметката**	[téglʲa ot smétkata]

tarjeta (f) de crédito	**кредитна карта** (ж)	[kréditna kárta]
dinero (m) en efectivo	**налични пари** (мн)	[nalíʧni parí]
cheque (m)	**чек** (м)	[ʧek]
sacar un cheque	**подпиша чек**	[potpíʃa ʧek]
talonario (m)	**чекова книжка** (ж)	[ʧékova kníʃka]

cartera (f)	**портфейл** (м)	[portféjl]
monedero (m)	**портмоне** (с)	[portmoné]
caja (f) fuerte	**сейф** (м)	[sejf]

heredero (m)	**наследник** (м)	[naslédnik]
herencia (f)	**наследство** (с)	[naslétstvo]
fortuna (f)	**състояние** (с)	[səstojánie]

arriendo (m)	**наем** (м)	[náem]
alquiler (m) (dinero)	**наем** (м)	[náem]
alquilar (~ una casa)	**наемам**	[naémam]
precio (m)	**цена** (ж)	[tsená]

| coste (m) | стойност (ж) | [stójnost] |
| suma (f) | сума (ж) | [súma] |

gastar (vt)	харча	[hárʧa]
gastos (m pl)	разходи (м мн)	[ráshodi]
economizar (vi, vt)	пестя	[pestʲá]
económico (adj)	пестелив	[pestelíf]

pagar (vi, vt)	плащам	[pláʃtam]
pago (m)	плащане (c)	[pláʃtane]
cambio (m) (devolver el ~)	ресто (c)	[résto]

impuesto (m)	данък (м)	[dánək]
multa (f)	глоба (ж)	[glóba]
multar (vt)	глобявам	[globʲávam]

42. La oficina de correos

oficina (f) de correos	поща (ж)	[póʃta]
correo (m) (cartas, etc.)	поща (ж)	[póʃta]
cartero (m)	пощальон (м)	[poʃtalʲón]
horario (m) de apertura	работно време (c)	[rabótno vréme]

carta (f)	писмо (c)	[pismó]
carta (f) certificada	препоръчано писмо (c)	[preporéʧano pismó]
tarjeta (f) postal	картичка (ж)	[kártiʧka]
telegrama (m)	телеграма (ж)	[telegráma]
paquete (m) postal	колет (м)	[kolét]
giro (m) postal	паричен превод (м)	[paríʧen prévot]

recibir (vt)	получа	[polúʧa]
enviar (vt)	изпратя	[isprátʲa]
envío (m)	изпращане (c)	[ispráʃtane]

dirección (f)	адрес (м)	[adrés]
código (m) postal	пощенски код (м)	[póʃtenski kot]
expedidor (m)	подател (м)	[podátel]
destinatario (m)	получател (м)	[poluʧátel]

| nombre (m) | име (c) | [íme] |
| apellido (m) | фамилия (ж) | [famílija] |

tarifa (f)	тарифа (ж)	[tarífa]
ordinario (adj)	обикновен	[obiknovén]
económico (adj)	икономичен	[ikonomíʧen]

peso (m)	тегло (c)	[tegló]
pesar (~ una carta)	претеглям	[pretéglʲam]
sobre (m)	плик (м)	[plik]
sello (m)	марка (ж)	[márka]

43. La banca

| banco (m) | банка (ж) | [bánka] |
| sucursal (f) | клон (м) | [klon] |

| consultor (m) | консултант (м) | [konsultánt] |
| gerente (m) | управител (м) | [uprávitel] |

cuenta (f)	сметка (ж)	[smétka]
numero (m) de la cuenta	номер (м) на сметка	[nómer na smétka]
cuenta (f) corriente	текуща сметка (ж)	[tekúʃta smétka]
cuenta (f) de ahorros	спестовна сметка (ж)	[spestóvna smétka]

abrir una cuenta	откривам сметка	[otkrívam smétka]
cerrar la cuenta	закривам сметка	[zakrívam smétka]
ingresar en la cuenta	депозирам в сметка	[depozíram f smétka]
sacar de la cuenta	тегля от сметката	[téglʲa ot smétkata]

depósito (m)	влог (м)	[vlok]
hacer un depósito	направя влог	[naprávʲa vlok]
giro (m) bancario	превод (м)	[prévot]
hacer un giro	направя превод	[naprávʲa prévot]
suma (f)	сума (ж)	[súma]
¿Cuánto?	Колко?	[kólko]

| firma (f) (nombre) | подпис (м) | [pótpis] |
| firmar (vt) | подпиша | [potpíʃa] |

tarjeta (f) de crédito	кредитна карта (ж)	[kréditna kárta]
código (m)	код (м)	[kot]
número (m) de tarjeta de crédito	номер (м) на кредитна карта	[nómer na kréditna kárta]
cajero (m) automático	банкомат (м)	[bankomát]

cheque (m)	чек (м)	[tʃek]
sacar un cheque	подпиша чек	[potpíʃa tʃek]
talonario (m)	чекова книжка (ж)	[tʃékova kníʃka]

crédito (m)	кредит (м)	[krédit]
pedir el crédito	кандидатствам за кредит	[kandidátstvam za krédit]
obtener un crédito	взимам кредит	[vzímam krédit]
conceder un crédito	предоставям кредит	[predostávʲam krédit]
garantía (f)	гаранция (ж)	[garántsija]

44. El teléfono. Las conversaciones telefónicas

| teléfono (m) | телефон (м) | [telefón] |
| teléfono (m) móvil | мобилен телефон (м) | [mobílen telefón] |

contestador (m)	телефонен секретар (м)	[telefónen sekretár]
llamar, telefonear	обаждам се	[obáʒdam se]
llamada (f)	обаждане (c)	[obáʒdane]

marcar un número	набирам номер	[nabíram nómer]
¿Sí?, ¿Dígame?	Ало!	[álo]
preguntar (vt)	питам	[pítam]
responder (vi, vt)	отговарям	[otgováriam]

oír (vt)	чувам	[ʧúvam]
bien (adv)	добре	[dobré]
mal (adv)	лошо	[lóʃo]
ruidos (m pl)	шумове (м мн)	[ʃúmove]

auricular (m)	слушалка (ж)	[sluʃálka]
descolgar (el teléfono)	вдигам слушалката	[vdígam sluʃálkata]
colgar el auricular	затварям телефона	[zatváriam telefóna]

ocupado (adj)	заета	[zaéta]
sonar (teléfono)	звъня	[zvɤniá]
guía (f) de teléfonos	телефонен справочник (м)	[telefónen spravóʧnik]

local (adj)	селищен	[séliʃten]
llamada (f) local	селищен разговор (м)	[séliʃten rázgovor]
de larga distancia	междуградски	[meʒdugrátski]
llamada (f) de larga distancia	междуградски разговор (м)	[meʒdugrátski rázgovor]
internacional (adj)	международен	[meʒdunaróden]
llamada (f) internacional	международен разговор (м)	[meʒdunaróden rázgovor]

45. El teléfono celular

teléfono (m) móvil	мобилен телефон (м)	[mobílen telefón]
pantalla (f)	дисплей (м)	[displéj]
botón (m)	бутон (м)	[butón]
tarjeta SIM (f)	SIM-карта (ж)	[sim-kárta]

pila (f)	батерия (ж)	[batérija]
descargarse (vr)	изтощавам	[iztoʃtávam]
cargador (m)	зареждащо устройство (c)	[zaréʒdaʃto ustrójstvo]

menú (m)	меню (c)	[meniú]
preferencias (f pl)	настройки (ж мн)	[nastrójki]
melodía (f)	мелодия (ж)	[melódija]
seleccionar (vt)	избера	[izberá]

calculadora (f)	калкулатор (м)	[kalkulátor]

contestador (m)	телефонен секретар (м)	[telefónen sekretár]
despertador (m)	будилник (м)	[budílnik]
contactos (m pl)	телефонен справочник (м)	[telefónen spravótʃnik]

| mensaje (m) de texto | SMS съобщение (c) | [esemés səobʃténie] |
| abonado (m) | абонат (м) | [abonát] |

46. Los artículos de escritorio. La papelería

| bolígrafo (m) | химикалка (ж) | [himikálka] |
| pluma (f) estilográfica | перодръжка (ж) | [perodréʒka] |

lápiz (m)	молив (м)	[móliv]
marcador (m)	маркер (м)	[márker]
rotulador (m)	флумастер (м)	[flumáster]

| bloc (m) de notas | тефтер (м) | [teftér] |
| agenda (f) | ежедневник (м) | [eʒednévnik] |

regla (f)	линийка (ж)	[línijka]
calculadora (f)	калкулатор (м)	[kalkulátor]
goma (f) de borrar	гума (ж)	[gúma]
chincheta (f)	кабърче (c)	[kábərtʃe]
clip (m)	кламер (м)	[klámer]

cola (f), pegamento (m)	лепило (c)	[lepílo]
grapadora (f)	телбод (м)	[telbót]
perforador (m)	перфоратор (м)	[perforátor]
sacapuntas (m)	острилка (ж)	[ostrílka]

47. Los idiomas extranjeros

lengua (f)	език (м)	[ezík]
extranjero (adj)	чужд	[tʃuʒd]
lengua (f) extranjera	чужд език (м)	[tʃuʒd ezík]
estudiar (vt)	изучавам	[izutʃávam]
aprender (ingles, etc.)	уча	[útʃa]

leer (vi, vt)	чета	[tʃeta]
hablar (vi, vt)	говоря	[govórʲa]
comprender (vt)	разбирам	[razbíram]
escribir (vt)	пиша	[píʃa]

rápidamente (adv)	бързо	[bérzo]
lentamente (adv)	бавно	[bávno]
con fluidez (adv)	свободно	[svobódno]
reglas (f pl)	правила (c мн)	[pravilá]

gramática (f)	граматика (ж)	[gramátika]
vocabulario (m)	лексика (ж)	[léksika]
fonética (f)	фонетика (ж)	[fonétika]
manual (m)	учебник (м)	[utʃébnik]
diccionario (m)	речник (м)	[rétʃnik]
manual (m) autodidáctico	самоучител (м)	[samoutʃítel]
guía (f) de conversación	разговорник (м)	[razgovórnik]
casete (m)	касета (ж)	[kaséta]
videocasete (f)	видеокасета (ж)	[video·kaséta]
disco compacto, CD (m)	CD диск (м)	[sidí disk]
DVD (m)	DVD (м)	[dividí]
alfabeto (m)	алфавит (м)	[alfavít]
deletrear (vt)	спелувам	[spelúvam]
pronunciación (f)	произношение (с)	[proiznoʃénie]
acento (m)	акцент (м)	[aktsént]
con acento	с акцент	[s aktsént]
sin acento	без акцент	[bez aktsént]
palabra (f)	дума (ж)	[dúma]
significado (m)	смисъл (м)	[smísəl]
cursos (m pl)	курсове (м мн)	[kúrsove]
inscribirse (vr)	запиша се	[zapíʃa se]
profesor (m) (~ de inglés)	преподавател (м)	[prepodavátel]
traducción (f) (proceso)	превод (м)	[prévot]
traducción (f) (texto)	превод (м)	[prévot]
traductor (m)	преводач (м)	[prevodátʃ]
intérprete (m)	преводач (м)	[prevodátʃ]
políglota (m)	полиглот (м)	[poliglót]
memoria (f)	памет (ж)	[pámet]

T&P BOOKS

LAS COMIDAS. EL RESTAURANTE

T&P Books Publishing

48. Los cubiertos

cuchara (f)	лъжица (ж)	[ləʒítsa]
cuchillo (m)	нож (м)	[noʒ]
tenedor (m)	вилица (ж)	[vílitsa]
taza (f)	чаша (ж)	[ʧáʃa]
plato (m)	чиния (ж)	[ʧiníja]
platillo (m)	чинийка (ж)	[ʧiníjka]
servilleta (f)	салфетка (ж)	[salfétka]
mondadientes (m)	клечка (ж) за зъби	[klétʃka za zébi]

49. El restaurante

restaurante (m)	ресторант (м)	[restoránt]
cafetería (f)	кафене (с)	[kafené]
bar (m)	бар (м)	[bar]
salón (m) de té	чаен салон (м)	[ʧáen salón]
camarero (m)	сервитьор (м)	[servitʲór]
camarera (f)	сервитьорка (ж)	[servitʲórka]
barman (m)	барман (м)	[bárman]
carta (f), menú (m)	меню (с)	[menʲú]
carta (f) de vinos	карта (ж) на виното	[kárta na vínoto]
reservar una mesa	резервирам масичка	[rezervíram másiʧka]
plato (m)	ядене (с)	[jádene]
pedir (vt)	поръчам	[porétʃam]
hacer un pedido	правя поръчка	[právʲa porétʃka]
aperitivo (m)	аперитив (м)	[aperitív]
entremés (m)	мезе (с)	[mezé]
postre (m)	десерт (м)	[desért]
cuenta (f)	сметка (ж)	[smétka]
pagar la cuenta	плащам сметка	[pláʃtam smétka]
dar la vuelta	връщам ресто	[vréʃtam résto]
propina (f)	бакшиш (м)	[bakʃíʃ]

50. Las comidas

comida (f)	храна (ж)	[hraná]
comer (vi, vt)	ям	[jam]

desayuno (m)	закуска (ж)	[zakúska]
desayunar (vi)	закусвам	[zakúsvam]
almuerzo (m)	обяд (м)	[obʲát]
almorzar (vi)	обядвам	[obʲádvam]
cena (f)	вечеря (ж)	[vetʃérʲa]
cenar (vi)	вечерям	[vetʃérʲam]

| apetito (m) | апетит (м) | [apetít] |
| ¡Que aproveche! | Добър апетит! | [dobér apetít] |

abrir (vt)	отварям	[otvárʲam]
derramar (líquido)	излея	[izléja]
derramarse (líquido)	излея се	[izléja se]

hervir (vi)	вря	[vrʲa]
hervir (vt)	варя до кипване	[varʲá do kípvane]
hervido (agua ~a)	преварен	[prevarén]
enfriar (vt)	охладя	[ohladʲá]
enfriarse (vr)	изстудявам се	[isstudʲávam se]

| sabor (m) | вкус (м) | [fkus] |
| regusto (m) | привкус (м) | [prífkus] |

adelgazar (vi)	отслабвам	[otslábvam]
dieta (f)	диета (ж)	[diéta]
vitamina (f)	витамин (м)	[vitamín]
caloría (f)	калория (ж)	[kalórija]
vegetariano (m)	вегетарианец (м)	[vegetariánets]
vegetariano (adj)	вегетариански	[vegetariánski]

grasas (f pl)	мазнини (ж мн)	[mazniní]
proteínas (f pl)	белтъчини (ж мн)	[beltətʃiní]
carbohidratos (m pl)	въглехидрати (м мн)	[vəglehidráti]
loncha (f)	резенче (с)	[rézentʃe]
pedazo (m)	парче (с)	[partʃé]
miga (f)	троха (ж)	[trohá]

51. Los platos

plato (m)	ястие (с)	[jástie]
cocina (f)	кухня (ж)	[kúhnʲa]
receta (f)	рецепта (ж)	[retsépta]
porción (f)	порция (ж)	[pórtsija]

| ensalada (f) | салата (ж) | [saláta] |
| sopa (f) | супа (ж) | [súpa] |

caldo (m)	бульон (м)	[buljón]
bocadillo (m)	сандвич (м)	[sándvitʃ]
huevos (m pl) fritos	пържени яйца (с мн)	[pérʒeni jajtsá]

| hamburguesa (f) | хамбургер (м) | [hámburger] |
| bistec (m) | бифтек (м) | [bifték] |

guarnición (f)	гарнитура (ж)	[garnitúra]
espagueti (m)	спагети (мн)	[spagéti]
puré (m) de patatas	картофено пюре (c)	[kartófeno pʲuré]
pizza (f)	пица (ж)	[pítsa]
gachas (f pl)	каша (ж)	[káʃa]
tortilla (f) francesa	омлет (м)	[omlét]

cocido en agua (adj)	варен	[varén]
ahumado (adj)	пушен	[púʃen]
frito (adj)	пържен	[pə́rʒen]
seco (adj)	сушен	[suʃén]
congelado (adj)	замразен	[zamrazén]
marinado (adj)	маринован	[marinóvan]

azucarado, dulce (adj)	сладък	[sládək]
salado (adj)	солен	[solén]
frío (adj)	студен	[studén]
caliente (adj)	горещ	[goréʃt]
amargo (adj)	горчив	[gortʃív]
sabroso (adj)	вкусен	[fkúsen]

cocer en agua	готвя	[gótvʲa]
preparar (la cena)	готвя	[gótvʲa]
freír (vt)	пържа	[pə́rʒa]
calentar (vt)	затоплям	[zatóplʲam]

salar (vt)	соля	[solʲá]
poner pimienta	слагам пипер	[slágam pipér]
rallar (vt)	стъргам	[stə́rgam]
piel (f)	кожа (ж)	[kóʒa]
pelar (vt)	беля	[bélʲa]

52. La comida

carne (f)	месо (c)	[mesó]
gallina (f)	кокошка (ж)	[kokóʃka]
pollo (m)	пиле (c)	[píle]
pato (m)	патица (ж)	[pátitsa]
ganso (m)	гъска (ж)	[gə́ska]
caza (f) menor	дивеч (ж)	[dívetʃ]
pava (f)	пуйка (ж)	[pú
jka]

carne (f) de cerdo	свинско (c)	[svínsko]
carne (f) de ternera	телешко месо (c)	[téleʃko mesó]
carne (f) de carnero	агнешко (c)	[ágneʃko]
carne (f) de vaca	говеждо (c)	[govéʒdo]
conejo (m)	питомен заек (м)	[pítomen záek]

salchichón (m)	салам (м)	[salám]
salchicha (f)	кренвирш (м)	[krénvirʃ]
beicon (m)	бекон (м)	[bekón]
jamón (m)	шунка (ж)	[ʃúnka]
jamón (m) fresco	бут (м)	[but]

paté (m)	пастет (м)	[pastét]
hígado (m)	черен дроб (м)	[ʧéren drop]
carne (f) picada	кайма (ж)	[kajmá]
lengua (f)	език (м)	[ezík]

huevo (m)	яйце (с)	[jajtsé]
huevos (m pl)	яйца (с мн)	[jajtsá]
clara (f)	белтък (м)	[belték]
yema (f)	жълтък (м)	[ʒəlték]

pescado (m)	риба (ж)	[ríba]
mariscos (m pl)	морски продукти (м мн)	[mórski prodúkti]
caviar (m)	хайвер (м)	[hajvér]

cangrejo (m) de mar	морски рак (м)	[mórski rak]
camarón (m)	скарида (ж)	[skarída]
ostra (f)	стрида (ж)	[strída]
langosta (f)	лангуста (ж)	[langústa]
pulpo (m)	октопод (м)	[oktopót]
calamar (m)	калмар (м)	[kalmár]

esturión (m)	есетра (ж)	[esétra]
salmón (m)	сьомга (ж)	[sʲómga]
fletán (m)	палтус (м)	[páltus]

bacalao (m)	треска (ж)	[tréska]
caballa (f)	скумрия (ж)	[skumríja]
atún (m)	риба тон (м)	[ríba ton]
anguila (f)	змиорка (ж)	[zmiórka]

trucha (f)	пъстърва (ж)	[pəstérva]
sardina (f)	сардина (ж)	[sardína]
lucio (m)	щука (ж)	[ʃtúka]
arenque (m)	селда (ж)	[sélda]

pan (m)	хляб (м)	[hlʲap]
queso (m)	кашкавал (м)	[kaʃkavál]
azúcar (m)	захар (ж)	[záhar]
sal (f)	сол (ж)	[sol]

arroz (m)	ориз (м)	[oríz]
macarrones (m pl)	макарони (мн)	[makaróni]
tallarines (m pl)	юфка (ж)	[jufká]

| mantequilla (f) | краве масло (с) | [kráve masló] |
| aceite (m) vegetal | олио (с) | [ólio] |

aceite (m) de girasol	слънчогледово масло (c)	[sləntʃoglédovo máslo]
margarina (f)	маргарин (м)	[margarín]
olivas, aceitunas (l pl)	маслини (ж мн)	[maslíni]
aceite (m) de oliva	зехтин (м)	[zehtín]
leche (f)	мляко (c)	[mlʲáko]
leche (f) condensada	сгъстено мляко (c)	[sgəsténo mlʲáko]
yogur (m)	йогурт (м)	[jógurt]
nata (f) agria	сметана (ж)	[smetána]
nata (f) líquida	каймак (м)	[kajmák]
mayonesa (f)	майонеза (ж)	[majonéza]
crema (f) de mantequilla	крем (м)	[krem]
cereales (m pl) integrales	грис, булгур (м)	[gris], [bulgúr]
harina (f)	брашно (c)	[braʃnó]
conservas (f pl)	консерви (ж мн)	[konsérvi]
copos (m pl) de maíz	царевичен флейкс (м)	[tsárevitʃen flejks]
miel (f)	мед (м)	[met]
confitura (f)	конфитюр (м)	[konfitʲúr]
chicle (m)	дъвка (ж)	[défka]

53. Las bebidas

agua (f)	вода (ж)	[vodá]
agua (f) potable	питейна вода (ж)	[pitéjna vodá]
agua (f) mineral	минерална вода (ж)	[minerálna vodá]
sin gas	негазирана	[negazíran]
gaseoso (adj)	газирана	[gazíran]
con gas	газирана	[gazíran]
hielo (m)	лед (м)	[let]
con hielo	с лед	[s let]
sin alcohol	безалкохолен	[bezalkohólen]
bebida (f) sin alcohol	безалкохолна напитка (ж)	[bezalkohólna napítka]
refresco (m)	разхладителна напитка (ж)	[rashladítelna napítka]
limonada (f)	лимонада (ж)	[limonáda]
bebidas (f pl) alcohólicas	спиртни напитки (ж мн)	[spírtni napítki]
vino (m)	вино (c)	[víno]
vino (m) blanco	бяло вино (c)	[bʲálo víno]
vino (m) tinto	червено вино (c)	[tʃervéno víno]
licor (m)	ликьор (м)	[likʲór]
champaña (f)	шампанско (c)	[ʃampánsko]

vermú (m)	вермут (м)	[vermút]
whisky (m)	уиски (с)	[wíski]
vodka (m)	водка (ж)	[vótka]
ginebra (f)	джин (м)	[dʒin]
coñac (m)	коняк (м)	[konʲák]
ron (m)	ром (м)	[rom]

café (m)	кафе (с)	[kafé]
café (m) solo	черно кафе (с)	[ʧérno kafé]
café (m) con leche	кафе (с) с мляко	[kafé s mlʲáko]
capuchino (m)	кафе (с) със сметана	[kafé səs smetána]
café (m) soluble	разтворимо кафе (с)	[rastvorímo kafé]

leche (f)	мляко (с)	[mlʲáko]
cóctel (m)	коктейл (м)	[koktéjl]
batido (m)	млечен коктейл (м)	[mléʧen koktéjl]

zumo (m), jugo (m)	сок (м)	[sok]
jugo (m) de tomate	доматен сок (м)	[domáten sok]
zumo (m) de naranja	портокалов сок (м)	[portokálov sok]
zumo (m) fresco	фреш (м)	[freʃ]

cerveza (f)	бира (ж)	[bíra]
cerveza (f) rubia	светла бира (ж)	[svétla bíra]
cerveza (f) negra	тъмна бира (ж)	[témna bíra]

té (m)	чай (м)	[ʧaj]
té (m) negro	черен чай (м)	[ʧéren ʧaj]
té (m) verde	зелен чай (м)	[zelén ʧaj]

54. Las verduras

| legumbres (f pl) | зеленчуци (м мн) | [zelenʧútsi] |
| verduras (f pl) | зарзават (м) | [zarzavát] |

tomate (m)	домат (м)	[domát]
pepino (m)	краставица (ж)	[krástavitsa]
zanahoria (f)	морков (м)	[mórkof]
patata (f)	картофи (мн)	[kartófi]
cebolla (f)	лук (м)	[luk]
ajo (m)	чесън (м)	[ʧésən]

col (f)	зеле (с)	[zéle]
coliflor (f)	карфиол (м)	[karfiól]
col (f) de Bruselas	брюкселско зеле (с)	[brʲúkselsko zéle]
brócoli (m)	броколи (с)	[brókoli]

remolacha (f)	цвекло (с)	[tsvekló]
berenjena (f)	патладжан (м)	[patladʒán]
calabacín (m)	тиквичка (ж)	[tíkviʧka]

| calabaza (f) | тиква (ж) | [tíkva] |
| nabo (m) | ряпа (ж) | [rʲápa] |

perejil (m)	магданоз (м)	[magdanóz]
eneldo (m)	копър (м)	[kópər]
lechuga (f)	салата (ж)	[saláta]
apio (m)	целина (ж)	[tsélina]
espárrago (m)	аспержа (ж)	[aspérʒa]
espinaca (f)	спанак (м)	[spanák]

guisante (m)	грах (м)	[grah]
habas (f pl)	боб (м)	[bop]
maíz (m)	царевица (ж)	[tsárevitsa]
fréjol (m)	фасул (м)	[fasúl]

pimiento (m) dulce	пипер (м)	[pipér]
rábano (m)	репичка (ж)	[répitʃka]
alcachofa (f)	ангинар (м)	[anginár]

55. Las frutas. Las nueces

fruto (m)	плод (м)	[plot]
manzana (f)	ябълка (ж)	[jábəlka]
pera (f)	круша (ж)	[krúʃa]
limón (m)	лимон (м)	[limón]
naranja (f)	портокал (м)	[portokál]
fresa (f)	ягода (ж)	[jágoda]

mandarina (f)	мандарина (ж)	[mandarína]
ciruela (f)	слива (ж)	[slíva]
melocotón (m)	праскова (ж)	[práskova]
albaricoque (m)	кайсия (ж)	[kajsíja]
frambuesa (f)	малина (ж)	[malína]
piña (f)	ананас (м)	[ananás]

banana (f)	банан (м)	[banán]
sandía (f)	диня (ж)	[dínʲa]
uva (f)	грозде (с)	[grózde]
guinda (f)	вишна (ж)	[víʃna]
cereza (f)	череша (ж)	[tʃeréʃa]
melón (m)	пъпеш (м)	[pépeʃ]

pomelo (m)	грейпфрут (м)	[gréjpfrut]
aguacate (m)	авокадо (с)	[avokádo]
papaya (f)	папая (ж)	[papája]
mango (m)	манго (с)	[mángo]

| granada (f) | нар (м) | [nar] |
| grosella (f) roja | червено френско грозде (с) | [tʃervéno frénsko grózde] |

grosella (f) negra	черно френско грозде (c)	[ʧérno frénsko grózde]
grosella (f) espinosa	цариградско грозде (c)	[tsarigrátsko grózde]
arándano (m)	боровинки (ж мн)	[borovínki]
zarzamoras (f pl)	къпина (ж)	[kəpína]

pasas (f pl)	стафиди (ж мн)	[stafídi]
higo (m)	смокиня (ж)	[smokínʲa]
dátil (m)	фурма (ж)	[furmá]

cacahuete (m)	фъстък (м)	[fəsték]
almendra (f)	бадем (м)	[badém]
nuez (f)	орех (м)	[óreh]
avellana (f)	лешник (м)	[léʃnik]
nuez (f) de coco	кокосов орех (м)	[kokósov óreh]
pistachos (m pl)	шамфъстъци (м мн)	[ʃamfəstétsi]

56. El pan. Los dulces

pasteles (m pl)	сладкарски изделия (c мн)	[slatkárski izdélija]
pan (m)	хляб (м)	[hlʲap]
galletas (f pl)	бисквити (ж мн)	[biskvíti]

chocolate (m)	шоколад (м)	[ʃokolát]
de chocolate (adj)	шоколадов	[ʃokoládov]
caramelo (m)	бонбон (м)	[bonbón]
tarta (f) (pequeña)	паста (ж)	[pásta]
tarta (f) (~ de cumpleaños)	торта (ж)	[tórta]

| tarta (f) (~ de manzana) | пирог (м) | [pirók] |
| relleno (m) | плънка (ж) | [plénka] |

confitura (f)	сладко (c)	[slátko]
mermelada (f)	мармалад (м)	[marmalát]
gofre (m)	вафли (ж мн)	[váfli]
helado (m)	сладолед (м)	[sladolét]

57. Las especias

sal (f)	сол (ж)	[sol]
salado (adj)	солен	[solén]
salar (vt)	соля	[solʲá]

pimienta (f) negra	черен пипер (м)	[ʧéren pipér]
pimienta (f) roja	червен пипер (м)	[ʧervén pipér]
mostaza (f)	горчица (ж)	[gorʧítsa]
rábano (m) picante	хрян (м)	[hrʲan]

condimento (m)	подправка (ж)	[podpráfka]
especia (f)	подправка (ж)	[podpráfka]
salsa (f)	сос (м)	[sos]
vinagre (m)	оцет (м)	[otsét]

anís (m)	анасон (м)	[anasón]
albahaca (f)	босилек (м)	[bosílek]
clavo (m)	карамфил (м)	[karamfíl]
jengibre (m)	джинджифил (м)	[dʒindʒifíl]
cilantro (m)	кориандър (м)	[koriándər]
canela (f)	канела (ж)	[kanéla]

sésamo (m)	сусам (м)	[susám]
hoja (f) de laurel	дафинов лист (м)	[dafínov list]
paprika (f)	червен пипер (м)	[tʃervén pipér]
comino (m)	черен тмин (м)	[tʃéren tmin]
azafrán (m)	шафран (м)	[ʃafrán]

LA INFORMACIÓN PERSONAL. LA FAMILIA

T&P Books Publishing

nombre (m)	име (c)	[íme]
apellido (m)	фамилия (ж)	[famílija]
fecha (f) de nacimiento	дата (ж) на раждане	[dáta na rázdane]
lugar (m) de nacimiento	място (c) на раждане	[mʲásto na rázdane]
nacionalidad (f)	националност (ж)	[natsionálnost]
domicilio (m)	местожителство (c)	[mestoзítelstvo]
país (m)	страна (ж)	[straná]
profesión (f)	професия (ж)	[profésija]
sexo (m)	пол (м)	[pol]
estatura (f)	ръст (м)	[rəst]
peso (m)	тегло (c)	[tegló]

madre (f)	майка (ж)	[májka]
padre (m)	баща (м)	[baʃtá]
hijo (m)	син (м)	[sin]
hija (f)	дъщеря (ж)	[dəʃterʲá]
hija (f) menor	по-малка дъщеря (ж)	[po-málka dəʃterʲá]
hijo (m) menor	по-малък син (м)	[po-málək sin]
hija (f) mayor	по-голяма дъщеря (ж)	[po-golʲáma dəʃterʲá]
hijo (m) mayor	по-голям син (м)	[po-golʲám sin]
hermano (m)	брат (м)	[brat]
hermana (f)	сестра (ж)	[sestrá]
primo (m)	братовчед (м)	[bratovtʃét]
prima (f)	братовчедка (ж)	[bratovtʃétka]
mamá (f)	мама (ж)	[máma]
papá (m)	татко (м)	[tátko]
padres (pl)	родители (м мн)	[rodíteli]
niño -a (m, f)	дете (c)	[deté]
niños (pl)	деца (c мн)	[detsá]
abuela (f)	баба (ж)	[bába]
abuelo (m)	дядо (м)	[dʲádo]
nieto (m)	внук (м)	[vnuk]
nieta (f)	внучка (ж)	[vnútʃka]
nietos (pl)	внуци (м мн)	[vnútsi]

tío (m)	вуйчо (м)	[vújʧo]
tía (f)	леля (ж)	[lélʲa]
sobrino (m)	племенник (м)	[plémennik]
sobrina (f)	племенница (ж)	[plémennitsa]

suegra (f)	тъща (ж)	[téʃta]
suegro (m)	свекър (м)	[svékər]
yerno (m)	зет (м)	[zet]
madrastra (f)	мащеха (ж)	[máʃteha]
padrastro (m)	пастрок (м)	[pástrok]

niño (m) de pecho	кърмаче (с)	[kərmáʧe]
bebé (m)	бебе (с)	[bébe]
chico (m)	момченце (с)	[momʧéntse]

mujer (f)	жена (ж)	[ʒená]
marido (m)	мъж (м)	[məʒ]
esposo (m)	съпруг (м)	[səprúk]
esposa (f)	съпруга (ж)	[səprúga]

casado (adj)	женен	[ʒénen]
casada (adj)	омъжена	[oméʒena]
soltero (adj)	неженен	[neʒénen]
soltero (m)	ерген (м)	[ergén]
divorciado (adj)	разведен	[razvéden]
viuda (f)	вдовица (ж)	[vdovítsa]
viudo (m)	вдовец (м)	[vdovéts]

pariente (m)	роднина (м, ж)	[rodnína]
pariente (m) cercano	близък роднина (м)	[blízək rodnína]
pariente (m) lejano	далечен роднина (м)	[daléʧen rodnína]
parientes (pl)	роднини (мн)	[rodníni]

huérfano (m), huérfana (f)	сирак (м)	[sirák]
tutor (m)	опекун (м)	[opekún]
adoptar (un niño)	осиновявам	[osinovʲávam]
adoptar (una niña)	осиновявам момиче	[osinovʲávam momíʧe]

60. Los amigos. Los compañeros del trabajo

amigo (m)	приятел (м)	[prijátel]
amiga (f)	приятелка (ж)	[prijátelka]
amistad (f)	приятелство (с)	[prijátelstvo]
ser amigo	дружа	[druʒá]

amigote (m)	приятел (м)	[prijátel]
amiguete (f)	приятелка (ж)	[prijátelka]
compañero (m)	партньор (м)	[partnʲór]
jefe (m)	шеф (м)	[ʃef]
superior (m)	началник (м)	[naʧálnik]

| subordinado (m) | подчинен (м) | [podtʃinén] |
| colega (m, f) | колега (м, ж) | [koléga] |

conocido (m)	познат (м)	[poznát]
compañero (m) de viaje	спътник (м)	[spétnik]
condiscípulo (m)	съученик (м)	[səutʃeník]

vecino (m)	съсед (м)	[səsét]
vecina (f)	съседка (ж)	[səsétka]
vecinos (pl)	съседи (м мн)	[səsédi]

T&P BOOKS

EL CUERPO. LA MEDICINA

T&P Books Publishing

cabeza (f)	глава (ж)	[glavá]
cara (f)	лице (c)	[litsé]
nariz (f)	нос (м)	[nos]
boca (f)	уста (ж)	[ustá]

ojo (m)	око (c)	[okó]
ojos (m pl)	очи (c мн)	[otʃí]
pupila (f)	зеница (ж)	[zénitsa]
ceja (f)	вежда (ж)	[véʒda]
pestaña (f)	мигла (ж)	[mígla]
párpado (m)	клепач (м)	[klepátʃ]

lengua (f)	език (м)	[ezík]
diente (m)	зъб (м)	[zəp]
labios (m pl)	устни (ж мн)	[ústni]
pómulos (m pl)	скули (ж мн)	[skúli]
encía (f)	венец (м)	[venéts]
paladar (m)	небце (c)	[nebtsé]

ventanas (f pl)	ноздри (ж мн)	[nózdri]
mentón (m)	брадичка (ж)	[bradítʃka]
mandíbula (f)	челюст (ж)	[tʃélʲust]
mejilla (f)	буза (ж)	[búza]

frente (f)	чело (c)	[tʃeló]
sien (f)	слепоочие (c)	[slepóotʃie]
oreja (f)	ухо (c)	[uhó]
nuca (f)	тил (м)	[til]
cuello (m)	шия (ж)	[ʃíja]
garganta (f)	гърло (c)	[gérlo]

pelo, cabello (m)	коса (ж)	[kosá]
peinado (m)	прическа (ж)	[pritʃéska]
corte (m) de pelo	подстригване (c)	[potstrígvane]
peluca (f)	перука (ж)	[perúka]

bigote (m)	мустаци (м мн)	[mustátsi]
barba (f)	брада (ж)	[bradá]
tener (~ la barba)	нося	[nósʲa]
trenza (f)	коса (ж)	[kosá]
patillas (f pl)	бакенбарди (мн)	[bakenbárdi]

| pelirrojo (adj) | червенокос | [tʃervenokós] |
| gris, canoso (adj) | беловлас | [belovlás] |

| calvo (adj) | плешив | [pleʃív] |
| calva (f) | плешивина (ж) | [pleʃiviná] |

| cola (f) de caballo | опашка (ж) | [opáʃka] |
| flequillo (m) | бретон (м) | [bretón] |

62. El cuerpo

| mano (f) | китка (ж) | [kítka] |
| brazo (m) | ръка (ж) | [rəká] |

dedo (m)	пръст (м)	[prəst]
dedo (m) del pie	пръст (м) на крак	[prəst na krak]
dedo (m) pulgar	палец (м)	[pálets]
dedo (m) meñique	кутре (с)	[kutré]
uña (f)	нокът (м)	[nókət]

puño (m)	юмрук (м)	[jumrúk]
palma (f)	длан (ж)	[dlan]
muñeca (f)	китка (ж)	[kítka]
antebrazo (m)	предмишница (ж)	[predmíʃnitsa]
codo (m)	лакът (м)	[lákət]
hombro (m)	рамо (с)	[rámo]

pierna (f)	крак (м)	[krak]
planta (f)	ходило (с)	[hodílo]
rodilla (f)	коляно (с)	[kolʲáno]
pantorrilla (f)	прасец (м)	[praséts]

| cadera (f) | бедро (с) | [bedró] |
| talón (m) | пета (ж) | [petá] |

cuerpo (m)	тяло (с)	[tʲálo]
vientre (m)	корем (м)	[korém]
pecho (m)	гръд (ж)	[grəd]
seno (m)	женска гръд (ж)	[ʒénska grəd]
lado (m), costado (m)	страна (ж)	[straná]
espalda (f)	гръб (м)	[grəp]

| zona (f) lumbar | кръст (м) | [krəst] |
| cintura (f), talle (m) | талия (ж) | [tálija] |

ombligo (m)	пъп (м)	[pəp]
nalgas (f pl)	седалище (с)	[sedáliʃte]
trasero (m)	задник (м)	[zádnik]

lunar (m)	бенка (ж)	[bénka]
marca (f) de nacimiento	родилно петно (с)	[rodílno petnó]
tatuaje (m)	татуировка (ж)	[tatuirófka]
cicatriz (f)	белег (м)	[bélek]

63. Las enfermedades

enfermedad (f)	болест (ж)	[bólest]
estar enfermo	боледувам	[boledúvam]
salud (f)	здраве (c)	[zdráve]
resfriado (m) (coriza)	хрема (ж)	[hréma]
angina (f)	ангина (ж)	[angína]
resfriado (m)	настинка (ж)	[nastínka]
resfriarse (vr)	настина	[nastína]
bronquitis (f)	бронхит (м)	[bronhít]
pulmonía (f)	пневмония (ж)	[pnevmoníja]
gripe (f)	грип (м)	[grip]
miope (adj)	късоглед	[kəsoglét]
présbita (adj)	далекоглед	[dalekoglét]
estrabismo (m)	кривогледство (c)	[krivoglétstvo]
estrábico (m) (adj)	кривоглед	[krivoglét]
catarata (f)	катаракта (ж)	[katarákta]
glaucoma (m)	глаукома (ж)	[glaukóma]
insulto (m)	инсулт (м)	[insúlt]
ataque (m) cardiaco	инфаркт (м)	[infárkt]
infarto (m) de miocardio	инфаркт (м) на миокарда	[infárkt na miokárda]
parálisis (f)	парализа (ж)	[paráliza]
paralizar (vt)	парализирам	[paralizíram]
alergia (f)	алергия (ж)	[alérgija]
asma (f)	астма (ж)	[ástma]
diabetes (f)	диабет (м)	[diabét]
dolor (m) de muelas	зъбобол (м)	[zəboból]
caries (f)	кариес (м)	[káries]
diarrea (f)	диария (ж)	[diárija]
estreñimiento (m)	запек (м)	[zápek]
molestia (f) estomacal	разстройство (c) на стомаха	[rastrójstvo na stomáha]
envenenamiento (m)	отравяне (c)	[otrávʲane]
envenenarse (vr)	отровя се	[otróvʲa se]
artritis (f)	артрит (м)	[artrít]
raquitismo (m)	рахит (м)	[rahít]
reumatismo (m)	ревматизъм (м)	[revmatízəm]
ateroesclerosis (f)	атеросклероза (ж)	[ateroskleróza]
gastritis (f)	гастрит (м)	[gastrít]
apendicitis (f)	апандисит (м)	[apandisít]
colecistitis (f)	холецистит (м)	[holetsistít]

úlcera (f)	язва (ж)	[jázva]
sarampión (m)	дребна шарка (ж)	[drébna ʃárka]
rubeola (f)	шарка (ж)	[ʃárka]
ictericia (f)	жълтеница (ж)	[ʒəltenítsa]
hepatitis (f)	хепатит (м)	[hepatít]

esquizofrenia (f)	шизофрения (ж)	[ʃizofreníja]
rabia (f) (hidrofobia)	бяс (м)	[bʲas]
neurosis (f)	невроза (ж)	[nevróza]
conmoción (f) cerebral	сътресение (c) на мозъка	[sətresénie na mózəka]

cáncer (m)	рак (м)	[rak]
esclerosis (f)	склероза (ж)	[skleróza]
esclerosis (m) múltiple	множествена склероза (ж)	[mnóʒestvena skleróza]

alcoholismo (m)	алкохолизъм (м)	[alkoholízəm]
alcohólico (m)	алкохолик (м)	[alkoholík]
sífilis (f)	сифилис (м)	[sífilis]
SIDA (m)	СПИН (м)	[spin]

tumor (m)	тумор (м)	[túmor]
maligno (adj)	злокачествен	[zlokátʃestven]
benigno (adj)	доброкачествен	[dobrokátʃestven]

fiebre (f)	треска (ж)	[tréska]
malaria (f)	малария (ж)	[malárija]
gangrena (f)	гангрена (ж)	[gangréna]
mareo (m)	морска болест (ж)	[mórska bólest]
epilepsia (f)	епилепсия (ж)	[epilépsija]

epidemia (f)	епидемия (ж)	[epidémija]
tifus (m)	тиф (м)	[tif]
tuberculosis (f)	туберкулоза (ж)	[tuberkulóza]
cólera (f)	холера (ж)	[holéra]
peste (f)	чума (ж)	[tʃúma]

64. Los síntomas. Los tratamientos. Unidad 1

síntoma (m)	симптом (м)	[simptóm]
temperatura (f)	температура (ж)	[temperatúra]
fiebre (f)	висока температура (ж)	[visóka temperatúra]
pulso (m)	пулс (м)	[puls]

mareo (m) (vértigo)	световъртеж (м)	[svetovərtéʃ]
caliente (adj)	горещ	[goréʃt]
escalofrío (m)	тръпки (ж мн)	[trépki]
pálido (adj)	бледен	[bléden]
tos (f)	кашлица (ж)	[káʃlitsa]

toser (vi)	кашлям	[káʃlʲam]
estornudar (vi)	кихам	[kíham]
desmayo (m)	припадък (м)	[pripádək]
desmayarse (vr)	припадна	[pripádna]

moradura (f)	синина (ж)	[sininá]
chichón (m)	подутина (ж)	[podutiná]
golpearse (vr)	ударя се	[udárʲa se]
magulladura (f)	натъртване (с)	[natə́rtvane]
magullarse (vr)	ударя се	[udárʲa se]

cojear (vi)	куцам	[kútsam]
dislocación (f)	изкълчване (с)	[iskə́ltʃvane]
dislocar (vt)	навехна	[navéhna]
fractura (f)	фрактура (ж)	[fraktúra]
tener una fractura	счупя	[stʃúpʲa]

corte (m) (tajo)	порязване (с)	[porʲázvane]
cortarse (vr)	порежа се	[poréʒa se]
hemorragia (f)	кръвотечение (с)	[krəvotetʃénie]

| quemadura (f) | изгаряне (с) | [izgárʲane] |
| quemarse (vr) | опаря се | [opárʲa se] |

pincharse (~ el dedo)	бодна	[bódna]
pincharse (vr)	убода се	[ubodá se]
herir (vt)	нараня	[naranʲá]
herida (f)	рана (ж)	[rána]
lesión (f) (herida)	рана (ж)	[rána]
trauma (m)	травма (ж)	[trávma]

delirar (vi)	бълнувам	[bəlnúvam]
tartamudear (vi)	заеквам	[zaékvam]
insolación (f)	слънчев удар (м)	[slə́ntʃev údar]

65. Los síntomas. Los tratamientos. Unidad 2

| dolor (m) | болка (ж) | [bólka] |
| astilla (f) | трънче (с) | [trə́ntʃe] |

sudor (m)	пот (ж)	[pot]
sudar (vi)	потя се	[potʲá se]
vómito (m)	повръщане (с)	[povrə́ʃtane]
convulsiones (f pl)	гърчове (м мн)	[gə́rtʃove]

embarazada (adj)	бременна	[brémenna]
nacer (vi)	родя се	[rodʲá se]
parto (m)	раждане (с)	[ráʒdane]
dar a luz	раждам	[ráʒdam]
aborto (m)	аборт (м)	[abórt]

respiración (f)	дишане (c)	[díʃane]
inspiración (f)	вдишване (c)	[vdíʃvane]
espiración (f)	издишване (c)	[izdíʃvane]
espirar (vi)	издишам	[izdíʃam]
inspirar (vi)	направя вдишване	[naprávʲa vdíʃvane]

inválido (m)	инвалид (м)	[invalít]
mutilado (m)	сакат човек (м)	[sakát tʃovék]
drogadicto (m)	наркоман (м)	[narkomán]

sordo (adj)	глух	[gluh]
mudo (adj)	ням	[nʲam]
sordomudo (adj)	глухоням	[gluhonʲám]

loco (adj)	луд	[lut]
loco (m)	луд (м)	[lut]
loca (f)	луда (ж)	[lúda]
volverse loco	полудея	[poludéja]

gen (m)	ген (м)	[gen]
inmunidad (f)	имунитет (м)	[imunitét]
hereditario (adj)	наследствен	[naslétstven]
de nacimiento (adj)	вроден	[vrodén]

virus (m)	вирус (м)	[vírus]
microbio (m)	микроб (м)	[mikróp]
bacteria (f)	бактерия (ж)	[baktérija]
infección (f)	инфекция (ж)	[inféktsija]

66. Los síntomas. Los tratamientos. Unidad 3

| hospital (m) | болница (ж) | [bólnitsa] |
| paciente (m) | пациент (м) | [patsiént] |

diagnosis (f)	диагноза (ж)	[diagnóza]
cura (f)	лекуване (c)	[lekúvane]
tratamiento (m)	лекуване (c)	[lekúvane]
curarse (vr)	лекувам се	[lekúvam se]
tratar (vt)	лекувам	[lekúvam]
cuidar (a un enfermo)	грижа се	[gríʒa se]
cuidados (m pl)	грижа (ж)	[gríʒa]

operación (f)	операция (ж)	[operátsija]
vendar (vt)	превържа	[prevérʒa]
vendaje (m)	превързване (c)	[prevérzvane]

vacunación (f)	ваксиниране (c)	[vaksinírane]
vacunar (vt)	ваксинирам	[vaksiníram]
inyección (f)	инжекция (ж)	[inʒéktsija]
aplicar una inyección	инжектирам	[inʒektíram]

ataque (m)	пристъп, припáдък (m)	[prístəp], [pripadək]
amputación (f)	ампутация (ж)	[amputátsija]
amputar (vt)	ампутирам	[amputíram]
coma (m)	кома (ж)	[kóma]
estar en coma	намирам се в кома	[namíram se v kóma]
revitalización (f)	реанимация (ж)	[reanimátsija]

recuperarse (vr)	оздравявам	[ozdravʲávam]
estado (m) (de salud)	състояние (c)	[səstojánie]
consciencia (f)	съзнание (c)	[səznánie]
memoria (f)	памет (ж)	[pámet]

extraer (un diente)	вадя	[vádʲa]
empaste (m)	пломба (ж)	[plómba]
empastar (vt)	пломбирам	[plombíram]

| hipnosis (f) | хипноза (ж) | [hipnóza] |
| hipnotizar (vt) | хипнотизирам | [hipnotizíram] |

67. La medicina. Las drogas. Los accesorios

medicamento (m), droga (f)	лекарство (c)	[lekárstvo]
remedio (m)	средство (c)	[srétstvo]
prescribir (vt)	предпиша	[pretpíʃa]
receta (f)	рецепта (ж)	[retsépta]

tableta (f)	таблетка (ж)	[tablétka]
ungüento (m)	мехлем (м)	[mehlém]
ampolla (f)	ампула (ж)	[ampúla]
mixtura (f), mezcla (f)	микстура (ж)	[mikstúra]
sirope (m)	сироп (м)	[siróp]
píldora (f)	хапче (c)	[háptʃe]
polvo (m)	прах (м)	[prah]

venda (f)	бинт (м)	[bint]
algodón (m) (discos de ~)	памук (м)	[pamúk]
yodo (m)	йод (м)	[jot]

tirita (f), curita (f)	пластир (м)	[plastír]
pipeta (f)	капкомер (м)	[kapkomér]
termómetro (m)	термометър (м)	[termométər]
jeringa (f)	спринцовка (ж)	[sprintsófka]

| silla (f) de ruedas | инвалидна количка (ж) | [invalídna kolítʃka] |
| muletas (f pl) | патерици (ж мн) | [páteritsi] |

| anestésico (m) | обезболяващо средство (c) | [obezbolʲávaʃto srétstvo] |

| purgante (m) | очистително (c) | [otʃistítelno] |
| alcohol (m) | спирт (м) | [spirt] |

| hierba (f) medicinal | билка (ж) | [bílka] |
| de hierbas (té ~) | билков | [bílkov] |

EL APARTAMENTO

T&P Books Publishing

68. El apartamento

apartamento (m)	апартамент (м)	[apartamént]
habitación (f)	стая (ж)	[stája]
dormitorio (m)	спалня (ж)	[spáln'a]
comedor (m)	столова (ж)	[stolová]
salón (m)	гостна (ж)	[góstna]
despacho (m)	кабинет (м)	[kabinét]
antecámara (f)	антре (с)	[antré]
cuarto (m) de baño	баня (ж)	[bán'a]
servicio (m)	тоалетна (ж)	[toalétna]
techo (m)	таван (м)	[taván]
suelo (m)	под (м)	[pot]
rincón (m)	ъгъл (м)	[ə́gəl]

69. Los muebles. El interior

muebles (m pl)	мебели (мн)	[mébeli]
mesa (f)	маса (ж)	[mása]
silla (f)	стол (м)	[stol]
cama (f)	легло (с)	[legló]
sofá (m)	диван (м)	[diván]
sillón (m)	фотьойл (м)	[fot'ójl]
librería (f)	книжен шкаф (м)	[kníʒen ʃkaf]
estante (m)	рафт (м)	[raft]
armario (m)	гардероб (м)	[garderóp]
percha (f)	закачалка (ж)	[zakatʃálka]
perchero (m) de pie	закачалка (ж)	[zakatʃálka]
cómoda (f)	скрин (м)	[skrin]
mesa (f) de café	малка масичка (ж)	[málka másitʃka]
espejo (m)	огледало (с)	[ogledálo]
tapiz (m)	килим (м)	[kilím]
alfombra (f)	килимче (с)	[kilímtʃe]
chimenea (f)	камина (ж)	[kamína]
vela (f)	свещ (м)	[sveʃt]
candelero (m)	свещник (м)	[svéʃtnik]
cortinas (f pl)	пердета (с мн)	[perdéta]

| empapelado (m) | тапети (м мн) | [tapéti] |
| estor (m) de láminas | щора (ж) | [ʃtóra] |

lámpara (f) de mesa	лампа (ж) за маса	[lámpa za mása]
aplique (m)	светилник (м)	[svetílnik]
lámpara (f) de pie	лампион (м)	[lampión]
lámpara (f) de araña	полилей (м)	[poliléj]

pata (f) (~ de la mesa)	крак (м)	[krak]
brazo (m)	подлакътник (м)	[podlákətnik]
espaldar (m)	облегалка (ж)	[oblegálka]
cajón (m)	чекмедже (с)	[tʃekmedʒé]

70. Los accesorios de cama

ropa (f) de cama	спално бельо (с)	[spálno belʲó]
almohada (f)	възглавница (ж)	[vəzglávnitsa]
funda (f)	калъфка (ж)	[kaléfka]
manta (f)	одеяло (с)	[odejálo]
sábana (f)	чаршаф (м)	[tʃarʃáf]
sobrecama (f)	завивка (ж)	[zavífka]

71. La cocina

cocina (f)	кухня (ж)	[kúhnʲa]
gas (m)	газ (м)	[gas]
cocina (f) de gas	газова печка (ж)	[gázova pétʃka]
cocina (f) eléctrica	електрическа печка (ж)	[elektrítʃeska pétʃka]
horno (m)	фурна (ж)	[fúrna]
horno (m) microondas	микровълнова печка (ж)	[mikrovélnova pétʃka]

frigorífico (m)	хладилник (м)	[hladílnik]
congelador (m)	фризер (м)	[frízer]
lavavajillas (m)	съдомиялна машина (ж)	[sədomijálna maʃína]

picadora (f) de carne	месомелачка (ж)	[meso·melátʃka]
exprimidor (m)	сокоизстисквачка (ж)	[soko·isstiskvátʃka]
tostador (m)	тостер (м)	[tóster]
batidora (f)	миксер (м)	[míkser]

cafetera (f) (aparato de cocina)	кафеварка (ж)	[kafevárka]
cafetera (f) (para servir)	кафеник (м)	[kafeník]
molinillo (m) de café	кафемелачка (ж)	[kafe·melátʃka]

hervidor (m) de agua	чайник (м)	[tʃájnik]
tetera (f)	чайник (м)	[tʃájnik]
tapa (f)	капачка (ж)	[kapátʃka]

colador (m) de té	цедка (ж)	[tsétka]
cuchara (f)	лъжица (ж)	[ləʒítsa]
cucharilla (f)	чаена лъжица (ж)	[ʧáena ləʒítsa]
cuchara (f) de sopa	супена лъжица (ж)	[súpena ləʒítsa]
tenedor (m)	вилица (ж)	[vílitsa]
cuchillo (m)	нож (м)	[noʒ]

vajilla (f)	съдове (м мн)	[sódove]
plato (m)	чиния (ж)	[ʧiníja]
platillo (m)	малка чинийка (ж)	[málka ʧiníjka]

vaso (m) de chupito	чашка (ж)	[ʧáʃka]
vaso (m) (~ de agua)	чаша (ж)	[ʧáʃa]
taza (f)	чаша (ж)	[ʧáʃa]

azucarera (f)	захарница (ж)	[zaharnítsa]
salero (m)	солница (ж)	[solnítsa]
pimentero (m)	пиперница (ж)	[pipérnitsa]
mantequera (f)	съд (м) за краве масло	[sət za kráve masló]

cacerola (f)	тенджера (ж)	[téndʒera]
sartén (f)	тиган (м)	[tigán]
cucharón (m)	черпак (м)	[ʧerpák]
colador (m)	гевгир (м)	[gevgír]
bandeja (f)	табла (ж)	[tábla]

botella (f)	бутилка (ж)	[butílka]
tarro (m) de vidrio	буркан (м)	[burkán]
lata (f)	тенекия (ж)	[tenekíja]

abrebotellas (m)	отварачка (ж)	[otvaráʧka]
abrelatas (m)	отварачка (ж)	[otvaráʧka]
sacacorchos (m)	тирбушон (м)	[tirbuʃón]
filtro (m)	филтър (м)	[fíltər]
filtrar (vt)	филтрирам	[filtríram]

| basura (f) | боклук (м) | [boklúk] |
| cubo (m) de basura | кофа (ж) за боклук | [kófa za boklúk] |

72. El baño

cuarto (m) de baño	баня (ж)	[bánʲa]
agua (f)	вода (ж)	[vodá]
grifo (m)	смесител (м)	[smesítel]
agua (f) caliente	топла вода (ж)	[tópla vodá]
agua (f) fría	студена вода (ж)	[studéna vodá]

pasta (f) de dientes	паста (ж) за зъби	[pásta za zébi]
limpiarse los dientes	мия си зъбите	[míja si zébite]
cepillo (m) de dientes	четка (ж) за зъби	[ʧétka za zébi]

afeitarse (vr)	бръсна се	[brésna se]
espuma (f) de afeitar	пяна (ж) за бръснене	[pʲána za brésnene]
maquinilla (f) de afeitar	бръснач (м)	[brəsnátʃ]

lavar (vt)	мия	[míja]
darse un baño	мия се	[míja se]
ducha (f)	душ (м)	[duʃ]
darse una ducha	вземам душ	[vzémam duʃ]

bañera (f)	вана (ж)	[vána]
inodoro (m)	тоалетна чиния (ж)	[toalétna tʃiníja]
lavabo (m)	мивка (ж)	[mífka]

| jabón (m) | сапун (м) | [sapún] |
| jabonera (f) | сапуниерка (ж) | [sapuniérka] |

esponja (f)	гъба (ж)	[gǽba]
champú (m)	шампоан (м)	[ʃampoán]
toalla (f)	кърпа (ж)	[kǽrpa]
bata (f) de baño	хавлиен халат (м)	[havlíen halát]

colada (f), lavado (m)	пране (с)	[prané]
lavadora (f)	перална машина (ж)	[perálna maʃína]
lavar la ropa	пера	[perá]
detergente (m) en polvo	прах (м) за пране	[prah za prané]

73. Los aparatos domésticos

televisor (m)	телевизор (м)	[televízor]
magnetófono (m)	касетофон (м)	[kasetofón]
vídeo (m)	видео (с)	[vídeo]
radio (m)	радиоприемник (м)	[radio·priémnik]
reproductor (m) (~ MP3)	плейър (м)	[pléər]

proyector (m) de vídeo	прожекционен апарат (м)	[proʒektsiónen aparát]
sistema (m) home cinema	домашно кино (с)	[domáʃno kíno]
reproductor (m) de DVD	DVD плейър (м)	[dividí pléər]
amplificador (m)	усилвател (м)	[usilvátel]
videoconsola (f)	игрова приставка (ж)	[igrová pristáfka]

cámara (f) de vídeo	видеокамера (ж)	[video·kámera]
cámara (f) fotográfica	фотоапарат (м)	[fotoaparát]
cámara (f) digital	цифров фотоапарат (м)	[tsífrov fotoaparát]

aspirador (m), aspiradora (f)	прахосмукачка (ж)	[praho·smukátʃka]
plancha (f)	ютия (ж)	[jutíja]
tabla (f) de planchar	дъска (ж) за гладене	[dəská za gládene]
teléfono (m)	телефон (м)	[telefón]
teléfono (m) móvil	мобилен телефон (м)	[mobílen telefón]

máquina (f) de escribir	пишеща машинка (ж)	[píʃeʃta maʃínka]
máquina (f) de coser	шевна машина (ж)	[ʃévna maʃína]
micrófono (m)	микрофон (м)	[mikrofón]
auriculares (m pl)	слушалки (ж мн)	[sluʃálki]
mando (m) a distancia	пулт (м)	[pult]
CD (m)	CD диск (м)	[sidí disk]
casete (m)	касета (ж)	[kaséta]
disco (m) de vinilo	плоча (ж)	[plótʃa]

T&P BOOKS

LA TIERRA. EL TIEMPO

T&P Books Publishing

cosmos (m)	космос (м)	[kósmos]
espacial, cósmico (adj)	космически	[kosmítʃeski]
espacio (m) cósmico	космическо пространство (c)	[kosmítʃesko prostránstvo]

mundo (m)	свят (м)	[svʲat]
universo (m)	вселена (ж)	[fseléna]
galaxia (f)	галактика (ж)	[galáktika]

estrella (f)	звезда (ж)	[zvezdá]
constelación (f)	съзвездие (c)	[səzvézdie]
planeta (m)	планета (ж)	[planéta]
satélite (m)	спътник (м)	[spétnik]

meteorito (m)	метеорит (м)	[meteorít]
cometa (m)	комета (ж)	[kométa]
asteroide (m)	астероид (м)	[asteroít]

órbita (f)	орбита (ж)	[órbita]
girar (vi)	въртя се	[vərtʲá se]
atmósfera (f)	атмосфера (ж)	[atmosféra]

Sol (m)	Слънце	[sléntse]
sistema (m) solar	Слънчева система (ж)	[sléntʃeva sistéma]
eclipse (m) de Sol	слънчево затъмнение (c)	[sléntʃevo zatəmnénie]

Tierra (f)	Земя	[zemʲá]
Luna (f)	Луна	[luná]

Marte (m)	Марс	[mars]
Venus (f)	Венера	[venéra]
Júpiter (m)	Юпитер	[júpiter]
Saturno (m)	Сатурн	[satúrn]

Mercurio (m)	Меркурий	[merkúrij]
Urano (m)	Уран	[urán]
Neptuno (m)	Нептун	[neptún]
Plutón (m)	Плутон	[plutón]

la Vía Láctea	Млечен Път	[mlétʃen pət]
la Osa Mayor	Голяма Мечка	[golʲáma métʃka]
la Estrella Polar	Полярна Звезда	[polʲárna zvezdá]
marciano (m)	марсианец (м)	[marsiánets]

extraterrestre (m)	извънземен (м)	[izvənzémen]
planetícola (m)	пришелец (м)	[príʃeléts]
platillo (m) volante	летяща чиния (ж)	[letʲáʃta ʧiníja]

nave (f) espacial	космически кораб (м)	[kosmíʧeski kórap]
estación (f) orbital	орбитална станция (ж)	[orbitálna stántsija]
despegue (m)	старт (м)	[start]

motor (m)	двигател (м)	[dvigátel]
tobera (f)	дюза (ж)	[dʲúza]
combustible (m)	гориво (с)	[gorívo]

carlinga (f)	кабина (ж)	[kabína]
antena (f)	антена (ж)	[anténa]
ventana (f)	илюминатор (м)	[ilʲuminátor]
batería (f) solar	слънчева батерия (ж)	[slénʧeva batérija]
escafandra (f)	скафандър (м)	[skafándər]

| ingravidez (f) | безтегловност (ж) | [besteglóvnost] |
| oxígeno (m) | кислород (м) | [kislorót] |

| atraque (m) | свързване (с) | [svérzvane] |
| realizar el atraque | свързвам се | [svérzvam se] |

observatorio (m)	обсерватория (ж)	[opservatórija]
telescopio (m)	телескоп (м)	[teleskóp]
observar (vt)	наблюдавам	[nablʲudávam]
explorar (~ el universo)	изследвам	[isslédvam]

75. La tierra

Tierra (f)	Земя (ж)	[zemʲá]
globo (m) terrestre	земно кълбо (с)	[zémno kəlbó]
planeta (m)	планета (ж)	[planéta]

atmósfera (f)	атмосфера (ж)	[atmosféra]
geografía (f)	география (ж)	[geográfija]
naturaleza (f)	природа (ж)	[priróda]

globo (m) terráqueo	глобус (м)	[glóbus]
mapa (m)	карта (ж)	[kárta]
atlas (m)	атлас (м)	[atlás]

Europa (f)	Европа	[evrópa]
Asia (f)	Азия	[ázija]
África (f)	Африка	[áfrika]
Australia (f)	Австралия	[afstrálija]

| América (f) | Америка | [amérika] |
| América (f) del Norte | Северна Америка | [séverna amérika] |

América (f) del Sur	Южна Америка	[júʒna amérika]
Antártida (f)	Антарктида	[antarktída]
Ártico (m)	Арктика	[árktika]

76. Los puntos cardinales

norte (m)	север (м)	[séver]
al norte	на север	[na séver]
en el norte	на север	[na séver]
del norte (adj)	северен	[séveren]

sur (m)	юг (м)	[juk]
al sur	на юг	[na juk]
en el sur	на юг	[na juk]
del sur (adj)	южен	[júʒen]

oeste (m)	запад (м)	[zápat]
al oeste	на запад	[na zápat]
en el oeste	на запад	[na zápat]
del oeste (adj)	западен	[západen]

este (m)	изток (м)	[ístok]
al este	на изток	[na ístok]
en el este	на изток	[na ístok]
del este (adj)	източен	[ístotʃen]

77. El mar. El océano

mar (m)	море (с)	[moré]
océano (m)	океан (м)	[okeán]
golfo (m)	залив (м)	[zálif]
estrecho (m)	пролив (м)	[próliv]

continente (m)	материк (м)	[materík]
isla (f)	остров (м)	[óstrov]
península (f)	полуостров (м)	[poluóstrov]
archipiélago (m)	архипелаг (м)	[arhipelák]

bahía (f)	залив (м)	[zálif]
ensenada, bahía (f)	залив (м)	[zálif]
laguna (f)	лагуна (ж)	[lagúna]
cabo (m)	нос (м)	[nos]

atolón (m)	атол (м)	[atól]
arrecife (m)	риф (м)	[rif]
coral (m)	корал (м)	[korál]
arrecife (m) de coral	коралов риф (м)	[korálov rif]
profundo (adj)	дълбок	[dəlbók]

profundidad (f)	дълбочина (ж)	[dəlbotʃiná]
abismo (m)	бездна (ж)	[bézna]
fosa (f) oceánica	падина (ж)	[padiná]
corriente (f)	течение (c)	[tetʃénie]
bañar (rodear)	мия	[míja]
orilla (f)	бряг (м)	[brʲak]
costa (f)	крайбрежие (c)	[krajbréʒie]
flujo (m)	прилив (м)	[príliv]
reflujo (m)	отлив (м)	[ótliv]
banco (m) de arena	плитчина (ж)	[plittʃiná]
fondo (m)	дъно (c)	[déno]
ola (f)	вълна (ж)	[vəlná]
cresta (f) de la ola	гребен (м) на вълна	[grében na vəlná]
espuma (f)	пяна (ж)	[pʲána]
tempestad (f)	буря (ж)	[búrʲa]
huracán (m)	ураган (м)	[uragán]
tsunami (m)	цунами (c)	[tsunámi]
bonanza (f)	безветрие (c)	[bezvétrie]
calmo, tranquilo	спокоен	[spokóen]
polo (m)	полюс (м)	[pólʲus]
polar (adj)	полярен	[polʲáren]
latitud (f)	ширина (ж)	[ʃiriná]
longitud (f)	дължина (ж)	[dəlʒiná]
paralelo (m)	паралел (ж)	[paralél]
ecuador (m)	екватор (м)	[ekvátor]
cielo (m)	небе (c)	[nebé]
horizonte (m)	хоризонт (м)	[horizónt]
aire (m)	въздух (м)	[vézduh]
faro (m)	фар (м)	[far]
bucear (vi)	гмуркам се	[gmúrkam se]
hundirse (vr)	потъна	[poténa]
tesoros (m pl)	съкровища (c мн)	[səkróviʃta]

78. Los nombres de los mares y los océanos

océano (m) Atlántico	Атлантически океан	[atlantítʃeski okeán]
océano (m) Índico	Индийски океан	[indíjski okeán]
océano (m) Pacífico	Тихи океан	[tíhi okeán]
océano (m) Glacial Ártico	Северен Ледовит океан	[séveren ledovít okeán]
mar (m) Negro	Черно море	[tʃérno moré]
mar (m) Rojo	Червено море	[tʃervéno moré]

mar (m) Amarillo	Жълто море	[ʒélto moré]
mar (m) Blanco	Бяло море	[bʲálo moré]
mar (m) Caspio	Каспийско море	[káspijsko moré]
mar (m) Muerto	Мъртво море	[mértvo moré]
mar (m) Mediterráneo	Средиземно море	[sredizémno moré]
mar (m) Egeo	Егейско море	[egéjsko moré]
mar (m) Adriático	Адриатическо море	[adriatítʃesko moré]
mar (m) Arábigo	Арабско море	[arápsko moré]
mar (m) del Japón	Японско море	[japónsko moré]
mar (m) de Bering	Берингово море	[beríngovo moré]
mar (m) de la China Meridional	Южнокитайско море	[juʒnokitájsko moré]
mar (m) del Coral	Коралово море	[korálovo moré]
mar (m) de Tasmania	Тасманово море	[tasmánovo moré]
mar (m) Caribe	Карибско море	[karíbsko moré]
mar (m) de Barents	Баренцово море	[baréntsovo moré]
mar (m) de Kara	Карско море	[kársko moré]
mar (m) del Norte	Северно море	[séverno moré]
mar (m) Báltico	Балтийско море	[baltíjsko moré]
mar (m) de Noruega	Норвежко море	[norvéʃko moré]

79. Las montañas

montaña (f)	планина (ж)	[planiná]
cadena (f) de montañas	планинска верига (ж)	[planínska veríga]
cresta (f) de montañas	планински хребет (м)	[planínski hrebét]
cima (f)	връх (м)	[vrəh]
pico (m)	пик (м)	[pik]
pie (m)	подножие (с)	[podnóʒie]
cuesta (f)	склон (м)	[sklon]
volcán (m)	вулкан (м)	[vulkán]
volcán (m) activo	действащ вулкан (м)	[déjstvaʃt vulkán]
volcán (m) apagado	изгаснал вулкан (м)	[izgásnal vulkán]
erupción (f)	изригване (с)	[izrígvane]
cráter (m)	кратер (м)	[kráter]
magma (m)	магма (ж)	[mágma]
lava (f)	лава (ж)	[láva]
fundido (lava ~a)	нажежен	[naʒeʒén]
cañón (m)	каньон (м)	[kanjón]
desfiladero (m)	дефиле (с)	[defilé]

| grieta (f) | тясна клисура (ж) | [tʲásna klisúra] |
| precipicio (m) | пропаст (ж) | [própast] |

puerto (m) (paso)	превал (м)	[prevál]
meseta (f)	плато (c)	[pláto]
roca (f)	скала (ж)	[skalá]
colina (f)	хълм (м)	[həlm]

glaciar (m)	ледник (м)	[lédnik]
cascada (f)	водопад (м)	[vodopát]
geiser (m)	гейзер (м)	[géjzer]
lago (m)	езеро (c)	[ézero]

llanura (f)	равнина (ж)	[ravniná]
paisaje (m)	пейзаж (м)	[pejzáʒ]
eco (m)	ехо (c)	[ého]

alpinista (m)	алпинист (м)	[alpiníst]
escalador (m)	катерач (м)	[katerátʃ]
conquistar (vt)	покорявам	[pokorʲávam]
ascensión (f)	възкачване (c)	[vəskátʃvane]

80. Los nombres de las montañas

Alpes (m pl)	Алпи	[álpi]
Montblanc (m)	Мон Блан	[mon blan]
Pirineos (m pl)	Пиринеи	[pirinéi]

Cárpatos (m pl)	Карпати	[karpáti]
Urales (m pl)	Урал	[urál]
Cáucaso (m)	Кавказ	[kafkáz]
Elbrus (m)	Елбрус	[elbrús]

Altai (m)	Алтай	[altáj]
Tian-Shan (m)	Тяншан	[tʲanʃan]
Pamir (m)	Памир	[pamír]
Himalayos (m pl)	Хималаи	[himalái]
Everest (m)	Еверест	[everést]

| Andes (m pl) | Анди | [ándi] |
| Kilimanjaro (m) | Килиманджаро | [kilimandʒáro] |

81. Los ríos

río (m)	река (ж)	[reká]
manantial (m)	извор (м)	[ízvor]
lecho (m) (curso de agua)	корито (c)	[koríto]
cuenca (f) fluvial	басейн (м)	[baséjn]

desembocar en ...	вливам се	[vlívam se]
afluente (m)	приток (м)	[prítok]
ribera (f)	бряг (м)	[brʲak]

corriente (f)	течение (c)	[tetʃénie]
río abajo (adv)	надолу по течението	[nadólu po tetʃénieto]
río arriba (adv)	нагоре по течението	[nagóre po tetʃénieto]

inundación (f)	наводнение (c)	[navodnénie]
riada (f)	пролетно	[prolétno
	пълноводие (c)	pəlnovódie]
desbordarse (vr)	разливам се	[razlívam se]
inundar (vt)	потопявам	[potopʲávam]

| bajo (m) arenoso | плитчина (ж) | [plittʃiná] |
| rápido (m) | праг (м) | [prak] |

presa (f)	яз (м)	[jaz]
canal (m)	канал (м)	[kanál]
lago (m) artificiale	водохранилище (c)	[vodohranílijte]
esclusa (f)	шлюз (м)	[ʃlʲuz]

cuerpo (m) de agua	водоем (м)	[vodoém]
pantano (m)	блато (c)	[bláto]
ciénaga (f)	тресавище (c)	[tresávijte]
remolino (m)	водовъртеж (м)	[vodovərtéʒ]

arroyo (m)	ручей (м)	[rútʃej]
potable (adj)	питеен	[pitéen]
dulce (agua ~)	сладководен	[slatkovóden]

| hielo (m) | лед (м) | [let] |
| helarse (el lago, etc.) | замръзна | [zamrézna] |

82. Los nombres de los ríos

| Sena (m) | Сена | [séna] |
| Loira (m) | Лоара | [loára] |

Támesis (m)	Темза	[témza]
Rin (m)	Рейн	[rejn]
Danubio (m)	Дунав	[dúnav]

Volga (m)	Волга	[vólga]
Don (m)	Дон	[don]
Lena (m)	Лена	[léna]

Río (m) Amarillo	Хуанхъ	[huanhé]
Río (m) Azul	Яндзъ	[jandzé]
Mekong (m)	Меконг	[mekónk]

Ganges (m)	Ганг	[gang]
Nilo (m)	Нил	[nil]
Congo (m)	Конго	[kóngo]
Okavango (m)	Оаванго	[okavángo]
Zambeze (m)	Замбези	[zambézi]
Limpopo (m)	Лимпопо	[limpopó]
Misisipi (m)	Мисисипи	[misisípi]

83. El bosque

bosque (m)	гора (ж)	[gorá]
de bosque (adj)	горски	[górski]

espesura (f)	гъсталак (м)	[gəstalák]
bosquecillo (m)	горичка (ж)	[gorítʃka]
claro (m)	поляна (ж)	[polʲána]

maleza (f)	гъсталак (м)	[gəstalák]
matorral (m)	храсталак (м)	[hrastalák]

senda (f)	пътечка (ж)	[pətétʃka]
barranco (m)	овраг (м)	[ovrák]

árbol (m)	дърво (с)	[dərvó]
hoja (f)	лист (м)	[list]
follaje (m)	шума (ж)	[ʃúma]

caída (f) de hojas	листопад (м)	[listopát]
caer (las hojas)	опадвам	[opádvam]
cima (f)	връх (м)	[vrəh]

rama (f)	клонка (м)	[klónka]
rama (f) (gruesa)	дебел клон (м)	[debél klon]
brote (m)	пъпка (ж)	[pépka]
aguja (f)	игла (ж)	[iglá]
piña (f)	шишарка (ж)	[ʃiʃárka]

agujero (m)	хралупа (ж)	[hralúpa]
nido (m)	гнездо (с)	[gnezdó]

tronco (m)	стъбло (с)	[stəbló]
raíz (f)	корен (м)	[kóren]
corteza (f)	кора (ж)	[korá]
musgo (m)	мъх (м)	[məh]

extirpar (vt)	изкоренявам	[izkorenʲávam]
talar (vt)	сека	[seká]
deforestar (vt)	изсичам	[issítʃam]
tocón (m)	пън (м)	[pən]
hoguera (f)	клада (ж)	[kláda]

incendio (m) forestal	пожар (м)	[poʒár]
apagar (~ el incendio)	загасявам	[zagasʲávam]
guarda (m) forestal	горски пазач (м)	[górski pazátʃ]
protección (f)	опазване (с)	[opázvane]
proteger (vt)	опазвам	[opázvam]
cazador (m) furtivo	бракониер (м)	[brakoniér]
cepo (m)	капан (м)	[kapán]
recoger (setas, bayas)	събирам	[səbíram]
perderse (vr)	загубя се	[zagúbʲa se]

84. Los recursos naturales

recursos (m pl) naturales	природни ресурси (м мн)	[priródni resúrsi]
recursos (m pl)	полезни	[polézni
subterráneos	изкопаеми (с мн)	iskopáemi]
depósitos (m pl)	залежи (мн)	[zaléʒi]
yacimiento (m)	находище (с)	[nahódiʃte]
extraer (vt)	добивам	[dobívam]
extracción (f)	добиване (с)	[dobívane]
mena (f)	руда (ж)	[rudá]
mina (f)	рудник (м)	[rúdnik]
pozo (m) de mina	шахта (ж)	[ʃáhta]
minero (m)	миньор (м)	[minʲór]
gas (m)	газ (м)	[gas]
gasoducto (m)	газопровод (м)	[gazoprovót]
petróleo (m)	нефт (м)	[neft]
oleoducto (m)	нефтопровод (м)	[neftoprovót]
pozo (m) de petróleo	нефтена кула (ж)	[néftena kúla]
torre (f) de sondeo	сондажна кула (ж)	[sondáʒna kúla]
petrolero (m)	танкер (м)	[tánker]
arena (f)	пясък (м)	[pʲásək]
caliza (f)	варовик (м)	[varóvik]
grava (f)	дребен чакъл (м)	[drében tʃakél]
turba (f)	торф (м)	[torf]
arcilla (f)	глина (ж)	[glína]
carbón (m)	въглища (мн)	[végliʃta]
hierro (m)	желязо (с)	[ʒelʲázo]
oro (m)	злато (с)	[zláto]
plata (f)	сребро (с)	[srebró]
níquel (m)	никел (м)	[níkel]
cobre (m)	мед (ж)	[met]
zinc (m)	цинк (м)	[tsink]
manganeso (m)	манган (м)	[mangán]

| mercurio (m) | живак (м) | [ʒivák] |
| plomo (m) | олово (c) | [olóvo] |

mineral (m)	минерал (м)	[minerál]
cristal (m)	кристал (м)	[kristál]
mármol (m)	мрамор (м)	[mrámor]
uranio (m)	уран (м)	[urán]

85. El tiempo

tiempo (m)	време (c)	[vréme]
previsión (f) del tiempo	прогноза (ж) за времето	[prognóza za vrémeto]
temperatura (f)	температура (ж)	[temperatúra]
termómetro (m)	термометър (м)	[termométər]
barómetro (m)	барометър (м)	[barométər]

húmedo (adj)	влажен	[vláʒen]
humedad (f)	влажност (ж)	[vláʒnost]
bochorno (m)	пек (м)	[pek]
tórrido (adj)	горещ	[goréʃt]
hace mucho calor	горещо	[goréʃto]

| hace calor (templado) | топло | [tóplo] |
| templado (adj) | топъл | [tópəl] |

| hace frío | студено | [studéno] |
| frío (adj) | студен | [studén] |

sol (m)	слънце (c)	[sléntse]
brillar (vi)	грея	[gréja]
soleado (un día ~)	слънчев	[sléntʃev]
elevarse (el sol)	изгрея	[izgréja]
ponerse (vr)	заляза	[zalʲáza]

nube (f)	облак (м)	[óblak]
nuboso (adj)	облачен	[óblatʃen]
nubarrón (m)	голям облак (м)	[golʲám óblak]
nublado (adj)	навъсен	[navésen]

lluvia (f)	дъжд (м)	[dəʒt]
está lloviendo	вали дъжд	[valí dəʒt]
lluvioso (adj)	дъждовен	[dəʒdóven]
lloviznar (vi)	ръмя	[rəmʲá]

aguacero (m)	пороен дъжд (м)	[poróen dəʒt]
chaparrón (m)	порой (м)	[porój]
fuerte (la lluvia ~)	силен	[sílen]
charco (m)	локва (ж)	[lókva]
mojarse (vr)	намокря се	[namókrʲa se]
niebla (f)	мъгла (ж)	[məglá]

nebuloso (adj)	мъглив	[məglíf]
nieve (f)	сняг (м)	[snʲak]
está nevando	вали сняг	[valí snʲak]

86. Los eventos climáticos severos. Los desastres naturales

tormenta (f)	гръмотевична буря (ж)	[grəmotévitʃna búrʲa]
relámpago (m)	мълния (ж)	[mélnija]
relampaguear (vi)	блясвам	[blʲásvam]
trueno (m)	гръм (м)	[grəm]
tronar (vi)	гърмя	[gərmʲá]
está tronando	гърми	[gərmí]
granizo (m)	градушка (ж)	[gradúʃka]
está granizando	пада градушка	[páda gradúʃka]
inundar (vt)	потопя	[potopʲá]
inundación (f)	наводнение (с)	[navodnénie]
terremoto (m)	земетресение (с)	[zemetresénie]
sacudida (f)	трус (м)	[trus]
epicentro (m)	епицентър (м)	[epitséntər]
erupción (f)	изригване (с)	[izrígvane]
lava (f)	лава (ж)	[láva]
torbellino (m), tornado (m)	торнадо (с)	[tornádo]
tifón (m)	тайфун (м)	[tajfún]
huracán (m)	ураган (м)	[uragán]
tempestad (f)	буря (ж)	[búrʲa]
tsunami (m)	цунами (с)	[tsunámi]
ciclón (m)	циклон (м)	[tsiklón]
mal tiempo (m)	лошо време (с)	[lóʃo vréme]
incendio (m)	пожар (м)	[poʒár]
catástrofe (f)	катастрофа (ж)	[katastrófa]
meteorito (m)	метеорит (м)	[meteorít]
avalancha (f)	лавина (ж)	[lavína]
alud (m) de nieve	лавина (ж)	[lavína]
ventisca (f)	виелица (ж)	[viélitsa]
nevasca (f)	снежна буря (ж)	[snéʒna búrʲa]

LA FAUNA

T&P Books Publishing

87. Los mamíferos. Los predadores

carnívoro (m)	хищник (м)	[híʃtnik]
tigre (m)	тигър (м)	[tígər]
león (m)	лъв (м)	[ləv]
lobo (m)	вълк (м)	[vəlk]
zorro (m)	лисица (ж)	[lisítsa]
jaguar (m)	ягуар (м)	[jaguár]
leopardo (m)	леопард (м)	[leopárt]
guepardo (m)	гепард (м)	[gepárt]
pantera (f)	пантера (ж)	[pantéra]
puma (f)	пума (ж)	[púma]
leopardo (m) de las nieves	снежен барс (м)	[snéʒen bars]
lince (m)	рис (м)	[ris]
coyote (m)	койот (м)	[kojót]
chacal (m)	чакал (м)	[ʧakál]
hiena (f)	хиена (ж)	[hiéna]

88. Los animales salvajes

animal (m)	животно (с)	[ʒivótno]
bestia (f)	звяр (м)	[zvʲar]
ardilla (f)	катерица (ж)	[káteritsa]
erizo (m)	таралеж (м)	[taraléʒ]
liebre (f)	заек (м)	[záek]
conejo (m)	питомен заек (м)	[pítomen záek]
tejón (m)	язовец (м)	[jázovets]
mapache (m)	енот (м)	[enót]
hámster (m)	хамстер (м)	[hámster]
marmota (f)	мармот (м)	[marmót]
topo (m)	къртица (ж)	[kərtítsa]
ratón (m)	мишка (ж)	[míʃka]
rata (f)	плъх (м)	[pləh]
murciélago (m)	прилеп (м)	[prílep]
armiño (m)	хермелин (м)	[hermelín]
cebellina (f)	самур (м)	[samúr]
marta (f)	бялка (ж)	[bʲálka]

comadreja (f)	невестулка (ж)	[nevestúlka]
visón (m)	норка (ж)	[nórka]
castor (m)	бобър (м)	[bóbər]
nutria (f)	видра (ж)	[vídra]
caballo (m)	кон (м)	[kon]
alce (m)	лос (м)	[los]
ciervo (m)	елен (м)	[elén]
camello (m)	камила (ж)	[kamíla]
bisonte (m)	бизон (м)	[bizón]
uro (m)	зубър (м)	[zúbər]
búfalo (m)	бивол (м)	[bívol]
cebra (f)	зебра (ж)	[zébra]
antílope (m)	антилопа (ж)	[antilópa]
corzo (m)	сърна (ж)	[sərná]
gamo (m)	лопатар (м)	[lopatár]
gamuza (f)	сърна (ж)	[sərná]
jabalí (m)	глиган (м)	[gligán]
ballena (f)	кит (м)	[kit]
foca (f)	тюлен (м)	[tʲulén]
morsa (f)	морж (м)	[morʒ]
oso (m) marino	морска котка (ж)	[mórska kótka]
delfín (m)	делфин (м)	[delfín]
oso (m)	мечка (ж)	[métʃka]
oso (m) blanco	бяла мечка (ж)	[bʲála métʃka]
panda (f)	панда (ж)	[pánda]
mono (m)	маймуна (ж)	[majmúna]
chimpancé (m)	шимпанзе (с)	[ʃimpanzé]
orangután (m)	орангутан (м)	[orangután]
gorila (m)	горила (ж)	[goríla]
macaco (m)	макак (м)	[makák]
gibón (m)	гибон (м)	[gibón]
elefante (m)	слон (м)	[slon]
rinoceronte (m)	носорог (м)	[nosorók]
jirafa (f)	жираф (м)	[ʒiráf]
hipopótamo (m)	хипопотам (м)	[hipopotám]
canguro (m)	кенгуру (с)	[kénguru]
koala (f)	коала (ж)	[koála]
mangosta (f)	мангуста (ж)	[mangústa]
chinchilla (f)	чинчила (ж)	[tʃintʃíla]
mofeta (f)	скунс (м)	[skuns]
espín (m)	бодливец (м)	[bodlívets]

89. Los animales domésticos

gata (f)	котка (ж)	[kótka]
gato (m)	котарак (м)	[kotarák]
caballo (m)	кон (м)	[kon]
garañón (m)	жребец (м)	[ʒrebéts]
yegua (f)	кобила (ж)	[kobíla]
vaca (f)	крава (ж)	[kráva]
toro (m)	бик (м)	[bik]
buey (m)	вол (м)	[vol]
oveja (f)	овца (ж)	[ovtsá]
carnero (m)	овен (м)	[ovén]
cabra (f)	коза (ж)	[kozá]
cabrón (m)	козел (м)	[kozél]
asno (m)	магаре (с)	[magáre]
mulo (m)	муле (с)	[múle]
cerdo (m)	свиня (ж)	[svinʲá]
cerdito (m)	прасе (с)	[prasé]
conejo (m)	питомен заек (м)	[pítomen záek]
gallina (f)	кокошка (ж)	[kokóʃka]
gallo (m)	петел (м)	[petél]
pato (m)	патица (ж)	[pátitsa]
ánade (m)	паток (м)	[patók]
ganso (m)	гъсок (м)	[gəsók]
pavo (m)	пуяк (м)	[pújak]
pava (f)	пуйка (ж)	[pújka]
animales (m pl) domésticos	домашни животни (с мн)	[domáʃni ʒivótni]
domesticado (adj)	питомен	[pítomen]
domesticar (vt)	опитомявам	[opitomʲávam]
criar (vt)	отглеждам	[otgléʒdam]
granja (f)	ферма (ж)	[férma]
aves (f pl) de corral	домашна птица (ж)	[domáʃna ptítsa]
ganado (m)	добитък (м)	[dobítək]
rebaño (m)	стадо (с)	[stádo]
caballeriza (f)	обор (м)	[obór]
porqueriza (f)	кочина (ж)	[kótʃina]
vaquería (f)	краварник (м)	[kravárnik]
conejal (m)	зайчарник (м)	[zajtʃárnik]
gallinero (m)	курник (м)	[kúrnik]

90. Los pájaros

pájaro (m)	птица (ж)	[ptítsa]
paloma (f)	гълъб (м)	[gǝləp]
gorrión (m)	врабче (c)	[vrabʧé]
carbonero (m)	синигер (м)	[sinigér]
urraca (f)	сврака (ж)	[svráka]
cuervo (m)	гарван (м)	[gárvan]
corneja (f)	врана (ж)	[vrána]
chova (f)	гарга (ж)	[gárga]
grajo (m)	полски гарван (м)	[pólski gárvan]
pato (m)	патица (ж)	[pátitsa]
ganso (m)	гъсок (м)	[gǝsók]
faisán (m)	фазан (м)	[fazán]
águila (f)	орел (м)	[orél]
azor (m)	ястреб (м)	[jástrep]
halcón (m)	сокол (м)	[sokól]
buitre (m)	гриф (м)	[grif]
cóndor (m)	кондор (м)	[kondór]
cisne (m)	лебед (м)	[lébet]
grulla (f)	жерав (м)	[ʒérav]
cigüeña (f)	щъркел (м)	[ʃtǝrkel]
loro (m), papagayo (m)	папагал (м)	[papagál]
colibrí (m)	колибри (c)	[kolíbri]
pavo (m) real	паун (м)	[paún]
avestruz (m)	щраус (м)	[ʃtráus]
garza (f)	чапла (ж)	[ʧápla]
flamenco (m)	фламинго (c)	[flamíngo]
pelícano (m)	пеликан (м)	[pelikán]
ruiseñor (m)	славей (м)	[slávej]
golondrina (f)	лястовица (ж)	[lʲástovitsa]
tordo (m)	дрозд (м)	[drozd]
zorzal (m)	поен дрозд (м)	[póen drozd]
mirlo (m)	кос, черен дрозд (м)	[kos], [ʧéren drozd]
vencejo (m)	бързолет (м)	[bǝrzolét]
alondra (f)	чучулига (ж)	[ʧuʧulíga]
codorniz (f)	пъдпъдък (м)	[pǝdpǝdék]
pájaro carpintero (m)	кълвач (м)	[kǝlváʧ]
cuco (m)	кукувица (ж)	[kúkuvitsa]
lechuza (f)	сова (ж)	[sóva]
búho (m)	бухал (м)	[búhal]

urogallo (m)	глухар (м)	[gluhár]
gallo lira (m)	тетрев (м)	[tétrev]
perdiz (f)	яребица (ж)	[járebitsa]

estornino (m)	скорец (м)	[skoréts]
canario (m)	канарче (с)	[kanártʃe]
ortega (f)	лещарка (ж)	[leʃtárka]
pinzón (m)	чинка (ж)	[tʃínka]
camachuelo (m)	червенушка (ж)	[tʃervenúʃka]

gaviota (f)	чайка (ж)	[tʃájka]
albatros (m)	албатрос (м)	[albatrós]
pingüino (m)	пингвин (м)	[pingvín]

91. Los peces. Los animales marinos

brema (f)	платика (ж)	[platíka]
carpa (f)	шаран (м)	[ʃarán]
perca (f)	костур (м)	[kostúr]
siluro (m)	сом (м)	[som]
lucio (m)	щука (ж)	[ʃtúka]

| salmón (m) | сьомга (ж) | [sʲómga] |
| esturión (m) | есетра (ж) | [esétra] |

arenque (m)	селда (ж)	[sélda]
salmón (m) del Atlántico	сьомга (ж)	[sʲómga]
caballa (f)	скумрия (ж)	[skumríja]
lenguado (m)	калкан (м)	[kalkán]

lucioperca (f)	бяла риба (ж)	[bʲála ríba]
bacalao (m)	треска (ж)	[tréska]
atún (m)	риба тон (м)	[ríba ton]
trucha (f)	пъстърва (ж)	[pəstérva]

anguila (f)	змиорка (ж)	[zmiórka]
raya (f) eléctrica	електрически скат (м)	[elektrítʃeski skat]
morena (f)	мурена (ж)	[muréna]
piraña (f)	пираня (ж)	[piránʲa]

tiburón (m)	акула (ж)	[akúla]
delfín (m)	делфин (м)	[delfín]
ballena (f)	кит (м)	[kit]

centolla (f)	морски рак (м)	[mórski rak]
medusa (f)	медуза (ж)	[medúza]
pulpo (m)	октопод (м)	[oktopót]

| estrella (f) de mar | морска звезда (ж) | [mórska zvezdá] |
| erizo (m) de mar | морски таралеж (м) | [mórski taraléʒ] |

caballito (m) de mar	морско конче (c)	[mórsko kóntʃe]
ostra (f)	стрида (ж)	[strída]
camarón (m)	скарида (ж)	[skarída]
bogavante (m)	омар (м)	[omár]
langosta (f)	лангуста (ж)	[langústa]

92. Los anfibios. Los reptiles

| serpiente (f) | змия (ж) | [zmijá] |
| venenoso (adj) | отровен | [otróven] |

víbora (f)	усойница (ж)	[usójnitsa]
cobra (f)	кобра (ж)	[kóbra]
pitón (m)	питон (м)	[pitón]
boa (f)	боа (ж)	[boá]

culebra (f)	смок (м)	[smok]
serpiente (m) de cascabel	гърмяща змия (ж)	[gərmʲáʃta zmijá]
anaconda (f)	анаконда (ж)	[anakónda]

lagarto (m)	гущер (м)	[gúʃter]
iguana (f)	игуана (ж)	[iguána]
varano (m)	варан (м)	[varán]
salamandra (f)	саламандър (м)	[salamándər]
camaleón (m)	хамелеон (м)	[hameleón]
escorpión (m)	скорпион (м)	[skorpión]

tortuga (f)	костенурка (ж)	[kostenúrka]
rana (f)	водна жаба (ж)	[vódna ʒába]
sapo (m)	жаба (ж)	[ʒába]
cocodrilo (m)	крокодил (м)	[krokodíl]

93. Los insectos

insecto (m)	насекомо (c)	[nasekómo]
mariposa (f)	пеперуда (ж)	[peperúda]
hormiga (f)	мравка (ж)	[mráfka]
mosca (f)	муха (ж)	[muhá]
mosquito (m) (picadura de ~)	комар (м)	[komár]
escarabajo (m)	бръмбар (м)	[brémbar]

avispa (f)	оса (ж)	[osá]
abeja (f)	пчела (ж)	[ptʃelá]
abejorro (m)	земна пчела (ж)	[zémna ptʃelá]
moscardón (m)	щръклица (ж), овод (м)	[ʃtréklitsa], [óvot]
araña (f)	паяк (м)	[pájak]
telaraña (f)	паяжина (ж)	[pájaʒina]

libélula (f)	водно конче (c)	[vódno kóntʃe]
saltamontes (m)	скакалец (м)	[skakaléts]
mariposa (f) nocturna	нощна пеперуда (ж)	[nóʃtna peperúda]
cucaracha (f)	хлебарка (ж)	[hlebárka]
garrapata (f)	кърлеж (м)	[kérleʃ]
pulga (f)	бълха (ж)	[bəlhá]
mosca (f) negra	мушица (ж)	[muʃítsa]
langosta (f)	прелетен скакалец (м)	[préleten skakaléts]
caracol (m)	охлюв (м)	[óhlʲuf]
grillo (m)	щурец (м)	[ʃturéts]
luciérnaga (f)	светулка (ж)	[svetúlka]
mariquita (f)	калинка (ж)	[kalínka]
sanjuanero (m)	майски бръмбар (м)	[májski brémbar]
sanguijuela (f)	пиявица (ж)	[pijávitsa]
oruga (f)	гъсеница (ж)	[gəsénitsa]
lombriz (m) de tierra	червей (м)	[tʃérvej]
larva (f)	буба (ж)	[búba]

LA FLORA

T&P Books Publishing

árbol (m)	дърво (c)	[dərvó]
foliáceo (adj)	широколистно	[ʃirokolístno]
conífero (adj)	иглолистно	[iglolístno]
de hoja perenne	вечнозелено	[veʧnozeléno]

manzano (m)	ябълка (ж)	[jábəlka]
peral (m)	круша (ж)	[krúʃa]
cerezo (m)	череша (ж)	[ʧeréʃa]
guindo (m)	вишна (ж)	[víʃna]
ciruelo (m)	слива (ж)	[slíva]

abedul (m)	бреза (ж)	[brezá]
roble (m)	дъб (м)	[dəp]
tilo (m)	липа (ж)	[lipá]
pobo (m)	трепетлика (ж)	[trepetlíka]
arce (m)	клен (м)	[klen]

pícea (f)	ела (ж)	[elá]
pino (m)	бор (м)	[bor]
alerce (m)	лиственица (ж)	[lístvenitsa]

| abeto (m) | бяла ела (ж) | [bʲála elá] |
| cedro (m) | кедър (м) | [kédər] |

| álamo (m) | топола (ж) | [topóla] |
| serbal (m) | офика (ж) | [ofíka] |

| sauce (m) | върба (ж) | [vərbá] |
| aliso (m) | елша (ж) | [elʃá] |

| haya (f) | бук (м) | [buk] |
| olmo (m) | бряст (м) | [brʲast] |

| fresno (m) | ясен (м) | [jásen] |
| castaño (m) | кестен (м) | [késten] |

magnolia (f)	магнолия (ж)	[magnólija]
palmera (f)	палма (ж)	[pálma]
ciprés (m)	кипарис (м)	[kiparís]

mangle (m)	мангрово дърво (c)	[mangrovo dərvó]
baobab (m)	баобаб (м)	[baobáp]
eucalipto (m)	евкалипт (м)	[efkalípt]
secoya (f)	секвоя (ж)	[sekvója]

95. Los arbustos

| mata (f) | храст (м) | [hrast] |
| arbusto (m) | храсталак (м) | [hrastalák] |

| vid (f) | грозде (с) | [grózde] |
| viñedo (m) | лозе (с) | [lóze] |

frambueso (m)	малина (ж)	[malína]
grosellero (m) negro	черно френско грозде (с)	[ʧérno frénsko grózde]
grosellero (m) rojo	червено френско грозде (с)	[ʧervéno frénsko grózde]
grosellero (m) espinoso	цариградско грозде (с)	[tsarigrátsko grózde]

acacia (f)	акация (ж)	[akátsija]
berberís (m)	кисел трън (м)	[kísel trən]
jazmín (m)	жасмин (м)	[ʒasmín]

enebro (m)	хвойна, смрика (ж)	[hvójna], [smríka]
rosal (m)	розов храст (м)	[rózov hrast]
escaramujo (m)	шипка (ж)	[ʃípka]

96. Las frutas. Las bayas

fruto (m)	плод (м)	[plot]
frutos (m pl)	плодове (м мн)	[plodové]
manzana (f)	ябълка (ж)	[jábəlka]
pera (f)	круша (ж)	[krúʃa]
ciruela (f)	слива (ж)	[slíva]

fresa (f)	ягода (ж)	[jágoda]
guinda (f)	вишна (ж)	[víʃna]
cereza (f)	череша (ж)	[ʧeréʃa]
uva (f)	грозде (с)	[grózde]

frambuesa (f)	малина (ж)	[malína]
grosella (f) negra	черно френско грозде (с)	[ʧérno frénsko grózde]
grosella (f) roja	червено френско грозде (с)	[ʧervéno frénsko grózde]
grosella (f) espinosa	цариградско грозде (с)	[tsarigrátsko grózde]
arándano (m) agrio	клюква (ж)	[klʲúkva]

naranja (f)	портокал (м)	[portokál]
mandarina (f)	мандарина (ж)	[mandarína]
piña (f)	ананас (м)	[ananás]
banana (f)	банан (м)	[banán]
dátil (m)	фурма (ж)	[furmá]

limón (m)	лимон (м)	[limón]
albaricoque (m)	кайсия (ж)	[kajsíja]
melocotón (m)	праскова (ж)	[práskova]
kiwi (m)	киви (с)	[kívi]
toronja (f)	грейпфрут (м)	[gréjpfrut]
baya (f)	горски плод (м)	[górski plot]
bayas (f pl)	горски плодове (м мн)	[górski plodové]
arándano (m) rojo	червена боровинка (ж)	[ʧervéna borovínka]
fresa (f) silvestre	горска ягода (ж)	[górska jágoda]
arándano (m)	черна боровинка (ж)	[ʧérna borovínka]

97. Las flores. Las plantas

flor (f)	цвете (с)	[tsvéte]
ramo (m) de flores	букет (м)	[bukét]
rosa (f)	роза (ж)	[róza]
tulipán (m)	лале (с)	[lalé]
clavel (m)	карамфил (м)	[karamfíl]
gladiolo (m)	гладиола (ж)	[gladióla]
aciano (m)	метличина (ж)	[metliʧína]
campanilla (f)	камбанка (ж)	[kambánka]
diente (m) de león	глухарче (с)	[gluhárʧe]
manzanilla (f)	лайка (ж)	[lájka]
áloe (m)	алое (с)	[alóe]
cacto (m)	кактус (м)	[káktus]
ficus (m)	фикус (м)	[fíkus]
azucena (f)	лилиум (м)	[lílium]
geranio (m)	мушкато (с)	[muʃkáto]
jacinto (m)	зюмбюл (м)	[zʲúmbʲúl]
mimosa (f)	мимоза (ж)	[mimóza]
narciso (m)	нарцис (м)	[nartsís]
capuchina (f)	латинка (ж)	[latínka]
orquídea (f)	орхидея (ж)	[orhidéja]
peonía (f)	божур (м)	[boʒúr]
violeta (f)	теменуга (ж)	[temenúga]
trinitaria (f)	трицветна теменуга (ж)	[tritsvétna temenúga]
nomeolvides (f)	незабравка (ж)	[nezabráfka]
margarita (f)	маргаритка (ж)	[margarítka]
amapola (f)	мак (м)	[mak]
cáñamo (m)	коноп (м)	[konóp]
menta (f)	мента (ж)	[ménta]

| muguete (m) | момина сълза (ж) | [mómina səlzá] |
| campanilla (f) de las nieves | кокиче (c) | [kokíʧe] |

ortiga (f)	коприва (ж)	[kopríva]
acedera (f)	киселец (м)	[kíselets]
nenúfar (m)	водна лилия (ж)	[vódna lílija]
helecho (m)	папрат (м)	[páprat]
liquen (m)	лишей (м)	[líʃej]

invernadero (m) tropical	оранжерия (ж)	[oranʒérija]
césped (m)	тревна площ (ж)	[trévna ploʃt]
macizo (m) de flores	цветна леха (ж)	[tsvétna lehá]

planta (f)	растение (c)	[rasténie]
hierba (f)	трева (ж)	[trevá]
hoja (f) de hierba	тревичка (ж)	[trevíʧka]

hoja (f)	лист (м)	[list]
pétalo (m)	венчелистче (c)	[venʧelístʧe]
tallo (m)	стъбло (c)	[stəbló]
tubérculo (m)	грудка (ж)	[grútka]

| retoño (m) | кълн (м) | [kəln] |
| espina (f) | бодил (м) | [bodíl] |

florecer (vi)	цъфтя	[tsəftʲá]
marchitarse (vr)	увяхвам	[uvʲáhvam]
olor (m)	мирис (м)	[míris]
cortar (vt)	отрежа	[otréʒa]
coger (una flor)	откъсна	[otkésna]

98. Los cereales, los granos

grano (m)	зърно (c)	[zérno]
cereales (m pl) (plantas)	житни култури (ж мн)	[ʒítni kultúri]
espiga (f)	клас (м)	[klas]

trigo (m)	пшеница (ж)	[pʃenítsa]
centeno (m)	ръж (ж)	[rəʒ]
avena (f)	овес (м)	[ovés]
mijo (m)	просо (c)	[prosó]
cebada (f)	ечемик (м)	[eʧemík]

maíz (m)	царевица (ж)	[tsárevitsa]
arroz (m)	ориз (м)	[oríz]
alforfón (m)	елда (ж)	[élda]

guisante (m)	грах (м)	[grah]
fréjol (m)	фасул (м)	[fasúl]
soya (f)	соя (ж)	[sója]

lenteja (f)	**леща** (ж)	[léʃta]
habas (f pl)	**боб** (м)	[bop]

LOS PAÍSES

T&P Books Publishing

Afganistán (m)	Афганистан	[afganistán]
Albania (f)	Албания	[albánija]
Alemania (f)	Германия	[germánija]
Arabia (f) Saudita	Саудитска Арабия	[saudítska arábija]
Argentina (f)	Аржентина	[arʒentína]
Armenia (f)	Армения	[arménija]
Australia (f)	Австралия	[afstrálija]
Austria (f)	Австрия	[áfstrija]
Azerbaiyán (m)	Азербайджан	[azerbajdʒán]
Bangladesh (m)	Бангладеш	[bangladéʃ]
Bélgica (f)	Белгия	[bélgija]
Bielorrusia (f)	Беларус	[belarús]
Bolivia (f)	Боливия	[bolívija]
Bosnia y Herzegovina	Босна и Херцеговина	[bósna i hertsegóvina]
Brasil (m)	Бразилия	[brazílija]
Bulgaria (f)	България	[bəlgárija]
Camboya (f)	Камбоджа	[kambódʒa]
Canadá (f)	Канада	[kanáda]
Chequia (f)	Чехия	[ʧéhija]
Chile (m)	Чили	[ʧíli]
China (f)	Китай	[kitáj]
Chipre (m)	Кипър	[kípər]
Colombia (f)	Колумбия	[kolúmbija]
Corea (f) del Norte	Северна Корея	[séverna koréja]
Corea (f) del Sur	Южна Корея	[júʒna koréja]
Croacia (f)	Хърватия	[hərvátija]
Cuba (f)	Куба	[kúba]
Dinamarca (f)	Дания	[dánija]
Ecuador (m)	Еквадор	[ekvadór]
Egipto (m)	Египет	[egípet]
Emiratos (m pl) Árabes Unidos	Обединени арабски емирства	[obedinéni arápski emírstva]
Escocia (f)	Шотландия	[ʃotlándija]
Eslovaquia (f)	Словакия	[slovákija]
Eslovenia	Словения	[slovénija]
España (f)	Испания	[ispánija]
Estados Unidos de América	Съединени американски щати	[səedinéni amerikánski ʃtáti]
Estonia (f)	Естония	[estónija]
Finlandia (f)	Финландия	[finlándija]
Francia (f)	Франция	[frántsija]

100. Los países. Unidad 2

Georgia (f)	Грузия	[grúzija]
Ghana (f)	Гана	[gána]
Gran Bretaña (f)	Великобритания	[velikobritánija]
Grecia (f)	Гърция	[gértsija]
Haití (m)	Хаити	[haíti]
Hungría (f)	Унгария	[ungárija]
India (f)	Индия	[índija]
Indonesia (f)	Индонезия	[indonézija]
Inglaterra (f)	Англия	[ánglija]
Irak (m)	Ирак	[irák]
Irán (m)	Иран	[irán]
Irlanda (f)	Ирландия	[irlándija]
Islandia (f)	Исландия	[islándija]
Islas (f pl) Bahamas	Бахамски острови	[bahámski óstrovi]
Israel (m)	Израел	[izráel]
Italia (f)	Италия	[itálija]
Jamaica (f)	Ямайка	[jamájka]
Japón (m)	Япония	[japónija]
Jordania (f)	Йордания	[jordánija]
Kazajstán (m)	Казахстан	[kazahstán]
Kenia (f)	Кения	[kénija]
Kirguizistán (m)	Киргизстан	[kirgistán]
Kuwait (m)	Кувейт	[kuvéjt]
Laos (m)	Лаос	[laós]
Letonia (f)	Латвия	[látvija]
Líbano (m)	Ливан	[liván]
Libia (f)	Либия	[líbija]
Liechtenstein (m)	Лихтенщайн	[líhtenʃtajn]
Lituania (f)	Литва	[lítva]
Luxemburgo (m)	Люксембург	[lʲúksemburg]
Macedonia	Македония	[makedónija]
Madagascar (m)	Мадагаскар	[madagaskár]
Malasia (f)	Малайзия	[malájzija]
Malta (f)	Малта	[málta]
Marruecos (m)	Мароко	[maróko]
Méjico (m)	Мексико	[méksiko]
Moldavia (f)	Молдова	[moldóva]
Mónaco (m)	Монако	[monáko]
Mongolia (f)	Монголия	[mongólija]
Montenegro (m)	Черна гора	[tʲérna gorá]
Myanmar (m)	Мянма	[mʲánma]

101. Los países. Unidad 3

Namibia (f)	Намибия	[namíbija]
Nepal (m)	Непал	[nepál]
Noruega (f)	Норвегия	[norvégija]
Nueva Zelanda (f)	Нова Зеландия	[nóva zelándija]

Países Bajos (m pl)	Нидерландия	[niderlándija]
Pakistán (m)	Пакистан	[pakistán]
Palestina (f)	Палестинска автономия	[palestínska aftonómija]
Panamá (f)	Панама	[panáma]
Paraguay (m)	Парагвай	[paragváj]
Perú (m)	Перу	[perú]
Polinesia (f) Francesa	Френска Полинезия	[frénska polinézija]
Polonia (f)	Полша	[pólʃa]
Portugal (m)	Португалия	[portugálija]

República (f) Dominicana	Доминиканска република	[dominikánska repúblika]
República (f) Sudafricana	Южноафриканска република	[juʒno·afrikánska repúblika]
Rumania (f)	Румъния	[ruménija]
Rusia (f)	Русия	[rusíja]

Senegal (m)	Сенегал	[senegál]
Serbia (f)	Сърбия	[sérbija]
Siria (f)	Сирия	[sírija]
Suecia (f)	Швеция	[ʃvétsija]
Suiza (f)	Швейцария	[ʃvejtsárija]
Surinam (m)	Суринам	[surinám]

Tayikistán (m)	Таджикистан	[tadʒikistán]
Tailandia (f)	Тайланд	[tajlánt]
Taiwán (m)	Тайван	[tajván]
Tanzania (f)	Танзания	[tanzánija]
Tasmania (f)	Тасмания	[tasmánija]
Túnez (m)	Тунис	[túnis]
Turkmenistán (m)	Туркменистан	[turkmenistán]
Turquía (f)	Турция	[túrtsija]

Ucrania (f)	Украйна	[ukrájna]
Uruguay (m)	Уругвай	[urugváj]
Uzbekistán (m)	Узбекистан	[uzbekistán]
Vaticano (m)	Ватикана	[vatikána]
Venezuela (f)	Венецуела	[venetsuéla]
Vietnam (m)	Виетнам	[vietnám]
Zanzíbar (m)	Занзибар	[zanzibár]

T&P BOOKS

GLOSARIO GASTRONÓMICO

Esta sección contiene una gran cantidad de palabras y términos asociados con la comida. Este diccionario le hará más fácil la comprensión del menú de un restaurante y la elección del plato adecuado

T&P Books Publishing

Español-Búlgaro glosario gastronómico

¡Que aproveche!	Добър апетит!	[dobér apetít]
abrebotellas (m)	отварачка (ж)	[otvarátʃka]
abrelatas (m)	отварачка (ж)	[otvarátʃka]
aceite (m) de girasol	слънчогледово масло (с)	[sləntʃoglédovo máslo]
aceite (m) de oliva	зехтин (м)	[zehtín]
aceite (m) vegetal	олио (с)	[ólio]
agua (f)	вода (ж)	[vodá]
agua (f) mineral	минерална вода (ж)	[minerálna vodá]
agua (f) potable	питейна вода (ж)	[pitéjna vodá]
aguacate (m)	авокадо (с)	[avokádo]
ahumado (adj)	пушен	[púʃen]
ajo (m)	чесън (м)	[tʃésən]
albahaca (f)	босилек (м)	[bosílek]
albaricoque (m)	кайсия (ж)	[kajsíja]
alcachofa (f)	ангинар (м)	[anginár]
alforfón (m)	елда (ж)	[élda]
almendra (f)	бадем (м)	[badém]
almuerzo (m)	обяд (м)	[obʲát]
amargo (adj)	горчив	[gortʃív]
anís (m)	анасон (м)	[anasón]
anguila (f)	змиорка (ж)	[zmiórka]
aperitivo (m)	аперитив (м)	[aperitív]
apetito (m)	апетит (м)	[apetít]
apio (m)	целина (ж)	[tsélina]
arándano (m)	боровинки (ж мн)	[borovínki]
arándano (m) agrio	клюква (ж)	[klʲúkva]
arándano (m) rojo	червена боровинка (ж)	[tʃervéna borovínka]
arenque (m)	селда (ж)	[sélda]
arroz (m)	ориз (м)	[oríz]
atún (m)	риба тон (м)	[ríba ton]
avellana (f)	лешник (м)	[léʃnik]
avena (f)	овес (м)	[ovés]
azúcar (m)	захар (ж)	[záhar]
azafrán (m)	шафран (м)	[ʃafrán]
azucarado, dulce (adj)	сладък	[sládək]
bacalao (m)	треска (ж)	[tréska]
banana (f)	банан (м)	[banán]
bar (m)	бар (м)	[bar]
barman (m)	барман (м)	[bárman]
batido (m)	млечен коктейл (м)	[mlétʃen koktéjl]
baya (f)	горски плод (м)	[górski plot]
bayas (f pl)	горски плодове (м мн)	[górski plodové]
bebida (f) sin alcohol	безалкохолна напитка (ж)	[bezalkohólna napítka]

bebidas (f pl) alcohólicas	спиртни напитки (ж мн)	[spírtni napítki]
beicon (m)	бекон (м)	[bekón]
berenjena (f)	патладжан (м)	[patladʒán]
bistec (m)	бифтек (м)	[bifték]
bocadillo (m)	сандвич (м)	[sándvitʃ]
boleto (m) áspero	брезова манатарка (ж)	[brézova manatárka]
boleto (m) castaño	червена брезовка (ж)	[tʃervéna brézofka]
brócoli (m)	броколи (с)	[brókoli]
brema (f)	платика (ж)	[platíka]
cóctel (m)	коктейл (м)	[koktéjl]
caballa (f)	скумрия (ж)	[skumríja]
cacahuete (m)	фъстък (м)	[fəsték]
café (m)	кафе (с)	[kafé]
café (m) con leche	кафе (с) с мляко	[kafé s mlʲáko]
café (m) solo	черно кафе (с)	[tʃérno kafé]
café (m) soluble	разтворимо кафе (с)	[rastvorímo kafé]
calabacín (m)	тиквичка (ж)	[tíkvitʃka]
calabaza (f)	тиква (ж)	[tíkva]
calamar (m)	калмар (м)	[kalmár]
caldo (m)	бульон (м)	[buljón]
caliente (adj)	горещ	[goréʃt]
caloría (f)	калория (ж)	[kalórija]
camarón (m)	скарида (ж)	[skarída]
camarera (f)	сервитьорка (ж)	[servitʲórka]
camarero (m)	сервитьор (м)	[servitʲór]
canela (f)	канела (ж)	[kanéla]
cangrejo (m) de mar	морски рак (м)	[mórski rak]
capuchino (m)	кафе (с) със сметана	[kafé səs smetána]
caramelo (m)	бонбон (м)	[bonbón]
carbohidratos (m pl)	въглехидрати (м мн)	[vəglehidráti]
carne (f)	месо (с)	[mesó]
carne (f) de carnero	агнешко (с)	[ágneʃko]
carne (f) de cerdo	свинско (с)	[svínsko]
carne (f) de ternera	телешко месо (с)	[téleʃko mesó]
carne (f) de vaca	говеждо (с)	[govéʒdo]
carne (f) picada	кайма (ж)	[kajmá]
carpa (f)	шаран (м)	[ʃarán]
carta (f) de vinos	карта (ж) на виното	[kárta na vínoto]
carta (f), menú (m)	меню (с)	[menʲú]
caviar (m)	хайвер (м)	[hajvér]
caza (f) menor	дивеч (ж)	[dívetʃ]
cebada (f)	ечемик (м)	[etʃemík]
cebolla (f)	лук (м)	[luk]
cena (f)	вечеря (ж)	[vetʃérʲa]
centeno (m)	ръж (ж)	[rəʒ]
cereales (m pl)	житни култури (ж мн)	[ʒítni kultúri]
cereales (m pl) integrales	грис, булгур (м)	[gris], [bulgúr]
cereza (f)	череша (ж)	[tʃeréʃa]
cerveza (f)	бира (ж)	[bíra]
cerveza (f) negra	тъмна бира (ж)	[témna bíra]
cerveza (f) rubia	светла бира (ж)	[svétla bíra]
champaña (f)	шампанско (с)	[ʃampánsko]

chicle (m)	дъвка (ж)	[défka]
chocolate (m)	шоколад (м)	[ʃokolát]
cilantro (m)	кориандър (м)	[koriándər]
ciruela (f)	слива (ж)	[slíva]
clara (f)	белтък (м)	[belték]
clavo (m)	карамфил (м)	[karamfíl]
coñac (m)	коняк (м)	[konʲák]
cocido en agua (adj)	варен	[varén]
cocina (f)	кухня (ж)	[kúhnʲa]
col (f)	зеле (с)	[zéle]
col (f) de Bruselas	брюкселско зеле (с)	[brʲúkselsko zéle]
coliflor (f)	карфиол (м)	[karfiól]
colmenilla (f)	пумпалка (ж)	[púmpalka]
comida (f)	храна (ж)	[hraná]
comino (m)	черен тмин (м)	[ʧéren tmin]
con gas	газирана	[gazíran]
con hielo	с лед	[s let]
condimento (m)	подправка (ж)	[podpráfka]
conejo (m)	питомен заек (м)	[pítomen záek]
confitura (f)	конфитюр (м)	[konfitʲúr]
confitura (f)	сладко (с)	[slátko]
congelado (adj)	замразен	[zamrazén]
conservas (f pl)	консерви (ж мн)	[konsérvi]
copa (f) de vino	чаша (ж) за вино	[ʧáʃa za víno]
copos (m pl) de maíz	царевичен флейкс (м)	[tsárevitʃen flejks]
crema (f) de mantequilla	крем (м)	[krem]
cuchara (f)	лъжица (ж)	[ləʒítsa]
cuchara (f) de sopa	супена лъжица (ж)	[súpena ləʒítsa]
cucharilla (f)	чаена лъжица (ж)	[ʧáena ləʒítsa]
cuchillo (m)	нож (м)	[noʒ]
cuenta (f)	сметка (ж)	[smétka]
dátil (m)	фурма (ж)	[furmá]
de chocolate (adj)	шоколадов	[ʃokoládov]
desayuno (m)	закуска (ж)	[zakúska]
dieta (f)	диета (ж)	[diéta]
eneldo (m)	копър (м)	[kópər]
ensalada (f)	салата (ж)	[saláta]
entremés (m)	мезе (с)	[mezé]
espárrago (m)	аспержа (ж)	[aspérʒa]
espagueti (m)	спагети (мн)	[spagéti]
especia (f)	подправка (ж)	[podpráfka]
espiga (f)	клас (м)	[klas]
espinaca (f)	спанак (м)	[spanák]
esturión (m)	есетра (ж)	[esétra]
fletán (m)	палтус (м)	[páltus]
fréjol (m)	фасул (м)	[fasúl]
frío (adj)	студен	[studén]
frambuesa (f)	малина (ж)	[malína]
fresa (f)	ягода (ж)	[jágoda]
fresa (f) silvestre	горска ягода (ж)	[górska jágoda]
frito (adj)	пържен	[pérʒen]
fruto (m)	плод (м)	[plot]

frutos (m pl)	плодове (м мн)	[plodové]
gachas (f pl)	каша (ж)	[káʃa]
galletas (f pl)	бисквити (ж мн)	[biskvíti]
gallina (f)	кокошка (ж)	[kokóʃka]
ganso (m)	гъска (ж)	[géska]
gaseoso (adj)	газирана	[gazíran]
ginebra (f)	джин (м)	[dʒin]
gofre (m)	вафли (ж мн)	[váfli]
granada (f)	нар (м)	[nar]
grano (m)	зърно (с)	[zérno]
grasas (f pl)	мазнини (ж мн)	[maznіní]
grosella (f) espinosa	цариградско грозде (с)	[tsarigrátsko grózde]
grosella (f) negra	черно френско грозде (с)	[ʧérno frénsko grózde]
grosella (f) roja	червено френско грозде (с)	[ʧervéno frénsko grózde]
guarnición (f)	гарнитура (ж)	[garnitúra]
guinda (f)	вишна (ж)	[víʃna]
guisante (m)	грах (м)	[grah]
hígado (m)	черен дроб (м)	[ʧéren drop]
habas (f pl)	боб (м)	[bop]
hamburguesa (f)	хамбургер (м)	[hámburger]
harina (f)	брашно (с)	[braʃnó]
helado (m)	сладолед (м)	[sladolét]
hielo (m)	лед (м)	[let]
higo (m)	смокиня (ж)	[smokínʲa]
hoja (f) de laurel	дафинов лист (м)	[dafínov list]
huevo (m)	яйце (с)	[jajtsé]
huevos (m pl)	яйца (с мн)	[jajtsá]
huevos (m pl) fritos	пържени яйца (с мн)	[pérʒeni jajtsá]
jamón (m)	шунка (ж)	[ʃúnka]
jamón (m) fresco	бут (м)	[but]
jengibre (m)	джинджифил (м)	[dʒindʒifíl]
jugo (m) de tomate	доматен сок (м)	[domáten sok]
kiwi (m)	киви (с)	[kívi]
langosta (f)	лангуста (ж)	[langústa]
leche (f)	мляко (с)	[mlʲáko]
leche (f) condensada	сгъстено мляко (с)	[sgesténo mlʲáko]
lechuga (f)	салата (ж)	[saláta]
legumbres (f pl)	зеленчуци (м мн)	[zelenʧútsi]
lengua (f)	език (м)	[ezík]
lenguado (m)	калкан (м)	[kalkán]
lenteja (f)	леща (ж)	[léʃta]
licor (m)	ликьор (м)	[likʲór]
limón (m)	лимон (м)	[limón]
limonada (f)	лимонада (ж)	[limonáda]
loncha (f)	резенче (с)	[rézenʧe]
lucio (m)	щука (ж)	[ʃtúka]
lucioperca (f)	бяла риба (ж)	[bʲála ríba]
maíz (m)	царевица (ж)	[tsárevitsa]
maíz (m)	царевица (ж)	[tsárevitsa]
macarrones (m pl)	макарони (мн)	[makaróni]

mandarina (f)	мандарина (ж)	[mandarína]
mango (m)	манго (c)	[mángo]
mantequilla (f)	краве масло (c)	[kráve masló]
manzana (f)	ябълка (ж)	[jábəlka]
margarina (f)	маргарин (м)	[margarín]
marinado (adj)	маринован	[marinóvan]
mariscos (m pl)	морски продукти (м мн)	[mórski prodúkti]
matamoscas (m)	мухоморка (ж)	[muhomórka]
mayonesa (f)	майонеза (ж)	[majonéza]
melón (m)	пъпеш (м)	[pépeʃ]
melocotón (m)	праскова (ж)	[práskova]
mermelada (f)	мармалад (м)	[marmalát]
miel (f)	мед (м)	[met]
miga (f)	троха (ж)	[trohá]
mijo (m)	просо (c)	[prosó]
mini tarta (f)	паста (ж)	[pásta]
mondadientes (m)	клечка (ж) за зъби	[klétʃka za zébi]
mostaza (f)	горчица (ж)	[gortʃítsa]
nabo (m)	ряпа (ж)	[rʲápa]
naranja (f)	портокал (м)	[portokál]
nata (f) agria	сметана (ж)	[smetána]
nata (f) líquida	каймак (м)	[kajmák]
nuez (f)	орех (м)	[óreh]
nuez (f) de coco	кокосов орех (м)	[kokósov óreh]
olivas, aceitunas (f pl)	маслини (ж мн)	[maslíni]
oronja (f) verde	зелена мухоморка (ж)	[zeléna muhómorka]
ostra (f)	стрида (ж)	[strída]
pan (m)	хляб (м)	[hlʲap]
papaya (f)	папая (ж)	[papája]
paprika (f)	червен пипер (м)	[tʃervén pipér]
pasas (f pl)	стафиди (ж мн)	[stafídi]
pasteles (m pl)	сладкарски изделия (c мн)	[slatkárski izdélija]
paté (m)	пастет (м)	[pastét]
patata (f)	картофи (мн)	[kartófi]
pato (m)	патица (ж)	[pátitsa]
pava (f)	пуйка (ж)	[pújka]
pedazo (m)	парче (c)	[partʃé]
pepino (m)	краставица (ж)	[krástavitsa]
pera (f)	круша (ж)	[krúʃa]
perca (f)	костур (м)	[kostúr]
perejil (m)	магданоз (м)	[magdanóz]
pescado (m)	риба (ж)	[ríba]
piña (f)	ананас (м)	[ananás]
piel (f)	кожа (ж)	[kóʒa]
pimienta (f) negra	черен пипер (м)	[tʃéren pipér]
pimienta (f) roja	червен пипер (м)	[tʃervén pipér]
pimiento (m) dulce	пипер (м)	[pipér]
pistachos (m pl)	шамфъстъци (м мн)	[ʃamfəstétsi]
pizza (f)	пица (ж)	[pítsa]
platillo (m)	чинийка (ж)	[tʃiníjka]
plato (m)	ястие (c)	[jástie]

plato (m)	чиния (ж)	[ʧiníja]
pomelo (m)	грейпфрут (м)	[gréjpfrut]
porción (f)	порция (ж)	[pórtsija]
postre (m)	десерт (м)	[desért]
propina (f)	бакшиш (м)	[bakʃíʃ]
proteínas (f pl)	белтъчини (ж мн)	[beltəʧíní]
puré (m) de patatas	картофено пюре (c)	[kartófeno pʲuré]
queso (m)	кашкавал (м)	[kaʃkavál]
rábano (m)	репичка (ж)	[répiʧka]
rábano (m) picante	хрян (м)	[hrʲan]
rúsula (f)	гълъбка (ж)	[gə́ləpka]
rebozuelo (m)	пачи крак (м)	[páʧi krak]
receta (f)	рецепта (ж)	[retsépta]
refresco (m)	разхладителна напитка (ж)	[rashladítelna napítka]
regusto (m)	привкус (м)	[prífkus]
relleno (m)	плънка (ж)	[plénka]
remolacha (f)	цвекло (c)	[tsvekló]
ron (m)	ром (м)	[rom]
sésamo (m)	сусам (м)	[susám]
sabor (m)	вкус (м)	[fkus]
sabroso (adj)	вкусен	[fkúsen]
sacacorchos (m)	тирбушон (м)	[tirbuʃón]
sal (f)	сол (ж)	[sol]
salado (adj)	солен	[solén]
salchichón (m)	салам (м)	[salám]
salchicha (f)	кренвирш (м)	[krénvirʃ]
salmón (m)	сьомга (ж)	[sʲómga]
salmón (m) del Atlántico	сьомга (ж)	[sʲómga]
salsa (f)	сос (м)	[sos]
sandía (f)	диня (ж)	[dínʲa]
sardina (f)	сардина (ж)	[sardína]
seco (adj)	сушен	[suʃén]
seta (f)	гъба (ж)	[gə́ba]
seta (f) comestible	ядлива гъба (ж)	[jadlíva gə́ba]
seta (f) venenosa	отровна гъба (ж)	[otróvna gə́ba]
seta calabaza (f)	манатарка (ж)	[manatárka]
siluro (m)	сом (м)	[som]
sin alcohol	безалкохолен	[bezalkohólen]
sin gas	негазирана	[negazíran]
sopa (f)	супа (ж)	[súpa]
soya (f)	соя (ж)	[sója]
té (m)	чай (м)	[ʧaj]
té (m) negro	черен чай (м)	[ʧéren ʧaj]
té (m) verde	зелен чай (м)	[zelén ʧaj]
tallarines (m pl)	юфка (ж)	[jufká]
tarta (f)	торта (ж)	[tórta]
tarta (f)	пирог (м)	[pirók]
taza (f)	чаша (ж)	[ʧáʃa]
tenedor (m)	вилица (ж)	[vílitsa]
tiburón (m)	акула (ж)	[akúla]
tomate (m)	домат (м)	[domát]

tortilla (f) francesa	омлет (м)	[omlét]
trigo (m)	пшеница (ж)	[pʃenítsa]
trucha (f)	пъстърва (ж)	[pəstárva]
uva (f)	грозде (с)	[grózde]
vaso (m)	стакан (м)	[stakán]
vegetariano (adj)	вегетариански	[vegetariánski]
vegetariano (m)	вегетарианец (м)	[vegetariánets]
verduras (f pl)	зарзават (м)	[zarzavát]
vermú (m)	вермут (м)	[vermút]
vinagre (m)	оцет (м)	[otsét]
vino (m)	вино (с)	[víno]
vino (m) blanco	бяло вино (с)	[bʲálo víno]
vino (m) tinto	червено вино (с)	[ʧervéno víno]
vitamina (f)	витамин (м)	[vitamín]
vodka (m)	водка (ж)	[vótka]
whisky (m)	уиски (с)	[wíski]
yema (f)	жълтък (м)	[ʒəltɤ́k]
yogur (m)	йогурт (м)	[jógurt]
zanahoria (f)	морков (м)	[mórkof]
zarzamoras (f pl)	къпина (ж)	[kəpína]
zumo (m) de naranja	портокалов сок (м)	[portokálov sok]
zumo (m) fresco	фреш (м)	[freʃ]
zumo (m), jugo (m)	сок (м)	[sok]

Búlgaro-Español glosario gastronómico

Búlgaro	Transcripción	Español
авокадо (с)	[avokádo]	aguacate (m)
агнешко (с)	[ágneʃko]	carne (f) de carnero
акула (ж)	[akúla]	tiburón (m)
ананас (м)	[ananás]	piña (f)
анасон (м)	[anasón]	anís (m)
ангинар (м)	[anginár]	alcachofa (f)
аперитив (м)	[aperitív]	aperitivo (m)
апетит (м)	[apetít]	apetito (m)
аспержа (ж)	[aspérʒa]	espárrago (m)
бадем (м)	[badém]	almendra (f)
бакшиш (м)	[bakʃíʃ]	propina (f)
банан (м)	[banán]	banana (f)
бар (м)	[bar]	bar (m)
барман (м)	[bárman]	barman (m)
безалкохолен	[bezalkohólen]	sin alcohol
безалкохолна напитка (ж)	[bezalkohólna napítka]	bebida (f) sin alcohol
бекон (м)	[bekón]	beicon (m)
белтък (м)	[beltёk]	clara (f)
белтъчини (ж мн)	[beltətʃiní]	proteínas (f pl)
бира (ж)	[bíra]	cerveza (f)
бисквити (ж мн)	[biskvíti]	galletas (f pl)
бифтек (м)	[biftёk]	bistec (m)
боб (м)	[bop]	habas (f pl)
бонбон (м)	[bonbón]	caramelo (m)
боровинки (ж мн)	[borovínki]	arándano (m)
босилек (м)	[bosílek]	albahaca (f)
брашно (с)	[braʃnó]	harina (f)
брезова манатарка (ж)	[brézova manatárka]	boleto (m) áspero
броколи (с)	[brókoli]	brócoli (m)
брюкселско зеле (с)	[brʲúkselsko zéle]	col (f) de Bruselas
бульон (м)	[buljón]	caldo (m)
бут (м)	[but]	jamón (m) fresco
бяла риба (ж)	[bʲála ríba]	lucioperca (f)
бяло вино (с)	[bʲálo víno]	vino (m) blanco
варен	[varén]	cocido en agua (adj)
вафли (ж мн)	[váfli]	gofre (m)
вегетарианец (м)	[vegetariánets]	vegetariano (m)
вегетариански	[vegetariánski]	vegetariano (adj)
вермут (м)	[vermút]	vermú (m)
вечеря (ж)	[vetʃérʲa]	cena (f)
вилица (ж)	[vílitsa]	tenedor (m)
вино (с)	[víno]	vino (m)
витамин (м)	[vitamín]	vitamina (f)

вишна (ж)	[víʃna]	guinda (f)
вкус (м)	[fkus]	sabor (m)
вкусен	[fkúsen]	sabroso (adj)
вода (ж)	[vodá]	agua (f)
водка (ж)	[vúlka]	vodka (m)
въглехидрати (м мн)	[vəglehidráti]	carbohidratos (m pl)
газирана	[gazíran]	gaseoso (adj)
газирана	[gazíran]	con gas
гарнитура (ж)	[garnitúra]	guarnición (f)
говеждо (с)	[govéʒdo]	carne (f) de vaca
горещ	[goréʃt]	caliente (adj)
горска ягода (ж)	[górska jágoda]	fresa (f) silvestre
горски плод (м)	[górski plot]	baya (f)
горски плодове (м мн)	[górski plodové]	bayas (f pl)
горчив	[gortʃív]	amargo (adj)
горчица (ж)	[gortʃítsa]	mostaza (f)
грах (м)	[grah]	guisante (m)
грейпфрут (м)	[gréjpfrut]	pomelo (m)
грис, булгур (м)	[gris], [bulgúr]	cereales (m pl) integrales
грозде (с)	[grózde]	uva (f)
гъба (ж)	[géba]	seta (f)
гълъбка (ж)	[gélәpka]	rúsula (f)
гъска (ж)	[géska]	ganso (m)
дафинов лист (м)	[dafínov list]	hoja (f) de laurel
десерт (м)	[desért]	postre (m)
джин (м)	[dʒin]	ginebra (f)
джинджифил (м)	[dʒindʒifíl]	jengibre (m)
дивеч (ж)	[dívetʃ]	caza (f) menor
диета (ж)	[diéta]	dieta (f)
диня (ж)	[dínʲa]	sandía (f)
Добър апетит!	[dobәr apetít]	¡Que aproveche!
домат (м)	[domát]	tomate (m)
доматен сок (м)	[domáten sok]	jugo (m) de tomate
дъвка (ж)	[défka]	chicle (m)
език (м)	[ezík]	lengua (f)
елда (ж)	[élda]	alforfón (m)
есетра (ж)	[esétra]	esturión (m)
ечемик (м)	[etʃemík]	cebada (f)
житни култури (ж мн)	[ʒítni kultúri]	cereales (m pl)
жълтък (м)	[ʒәlték]	yema (f)
закуска (ж)	[zakúska]	desayuno (m)
замразен	[zamrazén]	congelado (adj)
зарзават (м)	[zarzavát]	verduras (f pl)
захар (ж)	[záhar]	azúcar (m)
зеле (с)	[zéle]	col (f)
зелен чай (м)	[zelén tʃaj]	té (m) verde
зелена мухоморка (ж)	[zeléna muhómorka]	oronja (f) verde
зеленчуци (м мн)	[zelentʃútsi]	legumbres (f pl)
зехтин (м)	[zehtín]	aceite (m) de oliva
змиорка (ж)	[zmiórka]	anguila (f)
зърно (с)	[zérno]	grano (m)
йогурт (м)	[jógurt]	yogur (m)

кайма (ж)	[kajmá]	carne (f) picada
каймак (м)	[kajmák]	nata (f) líquida
кайсия (ж)	[kajsíja]	albaricoque (m)
калкан (м)	[kalkán]	lenguado (m)
калмар (м)	[kalmár]	calamar (m)
калория (ж)	[kalórija]	caloría (f)
канела (ж)	[kanéla]	canela (f)
карамфил (м)	[karamfíl]	clavo (m)
карта (ж) на виното	[kárta na vínoto]	carta (f) de vinos
картофено пюре (с)	[kartófeno pʲuré]	puré (m) de patatas
картофи (мн)	[kartófi]	patata (f)
карфиол (м)	[karfiól]	coliflor (f)
кафе (с)	[kafé]	café (m)
кафе (с) с мляко	[kafé s mlʲáko]	café (m) con leche
кафе (с) със сметана	[kafé səs smetána]	capuchino (m)
каша (ж)	[káʃa]	gachas (f pl)
кашкавал (м)	[kaʃkavál]	queso (m)
киви (с)	[kívi]	kiwi (m)
клас (м)	[klas]	espiga (f)
клечка (ж) за зъби	[klétʃka za zébi]	mondadientes (m)
клюква (ж)	[klʲúkva]	arándano (m) agrio
кожа (ж)	[kóʒa]	piel (f)
кокосов орех (м)	[kokósov óreh]	nuez (f) de coco
кокошка (ж)	[kokóʃka]	gallina (f)
коктейл (м)	[koktéjl]	cóctel (m)
консерви (ж мн)	[konsérvi]	conservas (f pl)
конфитюр (м)	[konfitʲúr]	confitura (f)
коняк (м)	[konʲák]	coñac (m)
копър (м)	[kópər]	eneldo (m)
кориандър (м)	[koriándər]	cilantro (m)
костур (м)	[kostúr]	perca (f)
краве масло (с)	[kráve masló]	mantequilla (f)
краставица (ж)	[krástavitsa]	pepino (m)
крем (м)	[krem]	crema (f) de mantequilla
кренвирш (м)	[krénvirʃ]	salchicha (f)
круша (ж)	[krúʃa]	pera (f)
кухня (ж)	[kúhnʲa]	cocina (f)
къпина (ж)	[kəpína]	zarzamoras (f pl)
лангуста (ж)	[langústa]	langosta (f)
лед (м)	[let]	hielo (m)
лешник (м)	[léʃnik]	avellana (f)
леща (ж)	[léʃta]	lenteja (f)
ликьор (м)	[likʲór]	licor (m)
лимон (м)	[limón]	limón (m)
лимонада (ж)	[limonáda]	limonada (f)
лук (м)	[luk]	cebolla (f)
лъжица (ж)	[ləʒítsa]	cuchara (f)
магданоз (м)	[magdanóz]	perejil (m)
мазнини (ж мн)	[maznіní]	grasas (f pl)
майонеза (ж)	[majonéza]	mayonesa (f)
макарони (мн)	[makaróni]	macarrones (m pl)
малина (ж)	[malína]	frambuesa (f)

манатарка (ж)	[manatárka]	seta calabaza (f)
манго (с)	[mángo]	mango (m)
мандарина (ж)	[mandarína]	mandarina (f)
маргарин (м)	[margarín]	margarina (f)
маринован	[marinóvan]	marinado (adj)
мармалад (м)	[marmalát]	mermelada (f)
маслини (ж мн)	[maslíni]	olivas, aceitunas (f pl)
мед (м)	[met]	miel (f)
мезе (с)	[mezé]	entremés (m)
меню (с)	[menʲú]	carta (f), menú (m)
месо (с)	[mesó]	carne (f)
минерална вода (ж)	[minerálna vodá]	agua (f) mineral
млечен коктейл (м)	[mlétʃen koktéjl]	batido (m)
мляко (с)	[mlʲáko]	leche (f)
морков (м)	[mórkof]	zanahoria (f)
морски продукти (м мн)	[mórski prodúkti]	mariscos (m pl)
морски рак (м)	[mórski rak]	cangrejo (m) de mar
мухоморка (ж)	[muhomórka]	matamoscas (m)
нар (м)	[nar]	granada (f)
негазирана	[negazíran]	sin gas
нож (м)	[noʒ]	cuchillo (m)
обяд (м)	[obʲát]	almuerzo (m)
овес (м)	[ovés]	avena (f)
олио (с)	[ólio]	aceite (m) vegetal
омлет (м)	[omlét]	tortilla (f) francesa
орех (м)	[óreh]	nuez (f)
ориз (м)	[oríz]	arroz (m)
отварачка (ж)	[otvarátʃka]	abrebotellas (m)
отварачка (ж)	[otvarátʃka]	abrelatas (m)
отровна гъба (ж)	[otróvna géba]	seta (f) venenosa
оцет (м)	[otsét]	vinagre (m)
палтус (м)	[páltus]	fletán (m)
папая (ж)	[papája]	papaya (f)
парче (с)	[partʃé]	pedazo (m)
паста (ж)	[pásta]	mini tarta (f)
пастет (м)	[pastét]	paté (m)
патица (ж)	[pátitsa]	pato (m)
патладжан (м)	[patladʒán]	berenjena (f)
пачи крак (м)	[pátʃi krak]	rebozuelo (m)
пипер (м)	[pipér]	pimiento (m) dulce
пирог (м)	[pirók]	tarta (f)
питейна вода (ж)	[pitéjna vodá]	agua (f) potable
питомен заек (м)	[pítomen záek]	conejo (m)
пица (ж)	[pítsa]	pizza (f)
платика (ж)	[platíka]	brema (f)
плод (м)	[plot]	fruto (m)
плодове (м мн)	[plodové]	frutos (m pl)
плънка (ж)	[plénka]	relleno (m)
подправка (ж)	[podpráfka]	condimento (m)
подправка (ж)	[podpráfka]	especia (f)
портокал (м)	[portokál]	naranja (f)
портокалов сок (м)	[portokálov sok]	zumo (m) de naranja

порция (ж)	[pórtsija]	porción (f)
праскова (ж)	[práskova]	melocotón (m)
привкус (м)	[prífkus]	regusto (m)
просо (с)	[prosó]	mijo (m)
пуйка (ж)	[pújka]	pava (f)
пумпалка (ж)	[púmpalka]	colmenilla (f)
пушен	[púʃen]	ahumado (adj)
пшеница (ж)	[pʃenítsa]	trigo (m)
пъпеш (м)	[pə́peʃ]	melón (m)
пържен	[pə́rʒen]	frito (adj)
пържени яйца (с мн)	[pə́rʒeni jajtsá]	huevos (m pl) fritos
пъстърва (ж)	[pəstə́rva]	trucha (f)
разтворимо кафе (с)	[rastvorímo kafé]	café (m) soluble
разхладителна напитка (ж)	[rashladítelna napítka]	refresco (m)
резенче (с)	[rézentʃe]	loncha (f)
репичка (ж)	[répitʃka]	rábano (m)
рецепта (ж)	[retsépta]	receta (f)
риба (ж)	[ríba]	pescado (m)
риба тон (м)	[ríba ton]	atún (m)
ром (м)	[rom]	ron (m)
ръж (ж)	[rəʒ]	centeno (m)
ряпа (ж)	[rʲápa]	nabo (m)
с лед	[s let]	con hielo
салам (м)	[salám]	salchichón (m)
салата (ж)	[saláta]	lechuga (f)
салата (ж)	[saláta]	ensalada (f)
сандвич (м)	[sándvitʃ]	bocadillo (m)
сардина (ж)	[sardína]	sardina (f)
светла бира (ж)	[svétla bíra]	cerveza (f) rubia
свинско (с)	[svínsko]	carne (f) de cerdo
сгъстено мляко (с)	[sgəsténo mlʲáko]	leche (f) condensada
селда (ж)	[sélda]	arenque (m)
сервитьор (м)	[servitʲór]	camarero (m)
сервитьорка (ж)	[servitʲórka]	camarera (f)
скарида (ж)	[skarída]	camarón (m)
скумрия (ж)	[skumríja]	caballa (f)
сладкарски изделия (с мн)	[slatkárski izdélija]	pasteles (m pl)
сладко (с)	[slátko]	confitura (f)
сладолед (м)	[sladolét]	helado (m)
сладък	[sládək]	azucarado, dulce (adj)
слива (ж)	[slíva]	ciruela (f)
слънчогледово масло (с)	[sləntʃoglédovo máslo]	aceite (m) de girasol
сметана (ж)	[smetána]	nata (f) agria
сметка (ж)	[smétka]	cuenta (f)
смокиня (ж)	[smokínʲa]	higo (m)
сок (м)	[sok]	zumo (m), jugo (m)
сол (ж)	[sol]	sal (f)
солен	[solén]	salado (adj)
сом (м)	[som]	siluro (m)

сос (м)	[sos]	salsa (f)
соя (ж)	[sója]	soya (f)
спагети (мн)	[spagéti]	espägueti (m)
спанак (м)	[opaнák]	espinaca (f)
спиртни напитки (ж мн)	[spírtni napítki]	bebidas (f pl) alcohólicas
стакан (м)	[stakán]	vaso (m)
стафиди (ж мн)	[stafídi]	pasas (f pl)
стрида (ж)	[strída]	ostra (f)
студен	[studén]	frío (adj)
супа (ж)	[súpa]	sopa (f)
супена лъжица (ж)	[súpena ləʒítsa]	cuchara (f) de sopa
сусам (м)	[susám]	sésamo (m)
сушен	[suʃén]	seco (adj)
сьомга (ж)	[sʲómga]	salmón (m)
сьомга (ж)	[sʲómga]	salmón (m) del Atlántico
телешко месо (с)	[téleʃko mesó]	carne (f) de ternera
тиква (ж)	[tíkva]	calabaza (f)
тиквичка (ж)	[tíkvitʃka]	calabacín (m)
тирбушон (м)	[tirbuʃón]	sacacorchos (m)
торта (ж)	[tórta]	tarta (f)
треска (ж)	[tréska]	bacalao (m)
троха (ж)	[trohá]	miga (f)
тъмна бира (ж)	[témna bíra]	cerveza (f) negra
уиски (с)	[wíski]	whisky (m)
фасул (м)	[fasúl]	fréjol (m)
фреш (м)	[freʃ]	zumo (m) fresco
фурма (ж)	[furmá]	dátil (m)
фъстък (м)	[fəsték]	cacahuete (m)
хайвер (м)	[hajvér]	caviar (m)
хамбургер (м)	[hámburger]	hamburguesa (f)
хляб (м)	[hlʲap]	pan (m)
храна (ж)	[hraná]	comida (f)
хрян (м)	[hrʲan]	rábano (m) picante
царевица (ж)	[tsárevitsa]	maíz (m)
царевица (ж)	[tsárevitsa]	maíz (m)
царевичен флейкс (м)	[tsárevitʃen flejks]	copos (m pl) de maíz
цариградско грозде (с)	[tsarigrátsko grózde]	grosella (f) espinosa
цвекло (с)	[tsveklʲó]	remolacha (f)
целина (ж)	[tsélina]	apio (m)
чаена лъжица (ж)	[tʃáena ləʒítsa]	cucharilla (f)
чай (м)	[tʃaj]	té (m)
чаша (ж)	[tʃáʃa]	taza (f)
чаша (ж) за вино	[tʃáʃa za víno]	copa (f) de vino
червен пипер (м)	[tʃervén pipér]	pimienta (f) roja
червен пипер (м)	[tʃervén pipér]	paprika (f)
червена боровинка (ж)	[tʃervéna borovínka]	arándano (m) rojo
червена брезовка (ж)	[tʃervéna brézofka]	boleto (m) castaño
червено вино (с)	[tʃervéno víno]	vino (m) tinto
червено френско грозде (с)	[tʃervéno frénsko grózde]	grosella (f) roja
черен дроб (м)	[tʃéren drop]	hígado (m)
черен пипер (м)	[tʃéren pipér]	pimienta (f) negra

черен тмин (м)	[ʧéren tmin]	comino (m)
черен чай (м)	[ʧéren ʧaj]	té (m) negro
череша (ж)	[ʧeréʃa]	cereza (f)
черно кафе (с)	[ʧérno kafé]	café (m) solo
черно френско грозде (с)	[ʧérno frénsko grózde]	grosella (f) negra
чесън (м)	[ʧésən]	ajo (m)
чинийка (ж)	[ʧiníjka]	platillo (m)
чиния (ж)	[ʧiníja]	plato (m)
шампанско (с)	[ʃampánsko]	champaña (f)
шамфъстъци (м мн)	[ʃamfəstétsi]	pistachos (m pl)
шаран (м)	[ʃarán]	carpa (f)
шафран (м)	[ʃafrán]	azafrán (m)
шоколад (м)	[ʃokolát]	chocolate (m)
шоколадов	[ʃokoládov]	de chocolate (adj)
шунка (ж)	[ʃúnka]	jamón (m)
щука (ж)	[ʃtúka]	lucio (m)
юфка (ж)	[jufká]	tallarines (m pl)
ябълка (ж)	[jábəlka]	manzana (f)
ягода (ж)	[jágoda]	fresa (f)
ядлива гъба (ж)	[jadlíva géba]	seta (f) comestible
яйца (с мн)	[jajtsá]	huevos (m pl)
яйце (с)	[jajtsé]	huevo (m)
ястие (с)	[jástie]	plato (m)

www.ingramcontent.com/pod-product-compliance
Lightning Source LLC
La Vergne TN
LVHW051257080426
835509LV00020B/3023